EDITORA DO CONHECIMENTO

Auxiliando a humanidade a encontrar a Verdade

Akayala

Akayala

Uma sacerdotisa atlante resgatando o
sagrado feminino no terreiro de umbanda

Diamantino Fernandes Trindade

Todos os direitos desta edição reservados à
CONHECIMENTO EDITORIAL LTDA.
Fone/Fax: 19 3451-5440
www.edconhecimento.com.br
vendas@edconhecimento.com.br

Revisão e preparação: Sueli Araújo
Projeto gráfico: Sérgio Carvalho
Ilustração da capa: Rosa Teubl
Banco de imagens

ISBN 978-65-5727-097-4
1ª edição – 2021

• Impresso no Brasil • *Presita en Brazilo*

Produzido no Departamento Gráfico de
CONHECIMENTO EDITORIAL LTDA
Rua Prof. Paulo Chaves, 276 – 13485-150
Fone: 19 3451-5440 — Limeira – SP

Dados Internacionais de Catalogação na Publicação (CIP)
(Angélica Ilacqua CRB-8 / 7057)

Trindade, Diamantino Fernandes.
Akayala : Uma sacerdotisa atlante resgatando o sagrado feminino no terreiro de umbanda / Diamantino Fernandes Trindade (Org.) – 1ª ed. – Limeira, SP: Editora do Conhecimento, 2021.
144 p. : il.

ISBN: 987-65-5727-097-4

1. Umbanda 2. Sagrado feminino 3. Atlântida 4. Pombagira I. Título

21-1903 CDD – 299.672

Índice para catálogo sistemático:
1. Umbanda

Diamantino Fernandes Trindade

Akayala

Uma sacerdotisa atlante resgatando o
sagrado feminino no terreiro de umbanda

1ª edição – 2021

EDITORA DO
CONHECIMENTO

Logo da Casa de Cultura Umbanda do Brasil.

Os direitos autorais desta obra são totalmente revertidos para as atividades da Casa de Cultura Umbanda do Brasil.

A Casa de Cultura Umbanda do Brasil possui um acervo de 2000 imagens, livros, discos, quadros e objetos ritualísticos e vários documentos históricos. Promove diversos eventos no sentido de resgatar a Grande e Sagrada Diversidade Religiosa Brasileira.

Dedicatória

A Yara Ribeiro, que partiu para o Òrún em novembro de 2020.

Agradecimentos

À **EDITORA DO CONHECIMENTO** pelo valioso apoio dado a publicação desta obra.

Aos queridos colaboradores Larayara, Yêyánayá, Mayaráitá, Haritêna, Láreserá, Walace Fernando, Ana Paula Pires Trindade e Nicholaj de Mattos Frisvold.

Às queridas irmãs Odete Terapeuta, Tânia Resende, Rosa Teubl e Rosa Terapeuta, pelas preciosas colaborações mediúnicas.

À Selene, pelas maravilhosas mensagens enviadas do Astral.

Virgem Negra de Montserrat.
Mosteiro de Montserrat, Catalunha, Barcelona (Espanha).

Senhor Ori, sacerdote atlante que trabalha como criança espiritual através da mediunidade de Rikal. Arte: Rosa Teubl. Acervo do autor.

Nunca confie em alguém que não arrisca a própria pele.

Nassim Nicholas

Sumário

Prefácio

Dos que ainda se lembram, aos que anseiam por se lembrar.

(Láreserá)[1]

Marchemos!
Há mistérios peregrinos
No mistério dos destinos
Que nos mandam renascer.
Da luz do Criador nascemos,
Múltiplas vidas vivemos,
Para à mesma luz volver.

(Castro Alves/Chico Xavier)[2]

O belo poema póstumo de Castro Alves, cujos arroubos românticos não deixam margem à dúvida quanto à autenticidade da pena mediúnica de Chico Xavier, na ocasião contando com apenas 21 primaveras, bem se presta a abrir as páginas desta obra, toda ela permeada por lembranças de um passado longínquo, que se faz entrever aqui e ali. Cuida-se de impecável paráfrase, em redondilha maior, da célebre máxima cunhada pelo professor Rivail, mais conhecido como Allan Kardec: "Nascer, morrer, renascer ainda e progredir sempre, tal é a lei".

Ninguém melhor do que o pedagogo francês soube ex-

[1] Iniciado na umbanda tradicional e na umbanda esotérica; *oungan sur pwen* no vodu haitiano; representante, no Brasil, de linhagens tradicionais de sociedades iniciáticas da Escola Francesa de Esoterismo Ocidental; advogado formado na Faculdade de Direito do Largo de São Francisco da Universidade de São Paulo (USP).
[2] DIVERSOS Espíritos. *Parnaso: de além-túmulo*. [Psicografado por Francisco Cândido Xavier]. Rio de Janeiro: FEB, 2010.

plicar o mistério dos renascimentos sucessivos, pois que fiel aluno da excelsa falange espiritual liderada pelo Espírito da Verdade e integrada pelo célebre Fénelon[3]. Entretanto, se as obras de Kardec trouxeram a base doutrinária para compreensão da pluralidade das existências, coube a vários caminhantes da Senda ilustrá-la com lampejos de lembranças, mais ou menos fugidias, de suas aventuras de outrora: Charles Webster Leadbeater, Rudolph Steiner e os nossos Chico Xavier e Divaldo Franco, para citar somente alguns.

Mas, então, trataria este livro tão somente de tais lembranças de vidas passadas? Não apenas. Ele vai além, muito além, pois escrito sob o prisma do feminino sagrado, ou melhor, do escrutínio das leis da vida sob a ótica da mulher, tão esquecida nos últimos séculos, mas agora relembrada e reavivada cada vez mais nos albores do século XXI.

Assim é que, após a leitura destas páginas, que alternam a exposição teórica, a ilustração viva das narrativas do passado e os relatos deixados por aqueles que, do outro lado do véu, ainda se lembram, o leitor terá uma nova visão do feminino, um olhar renovado, seguramente mais maduro e sereno. Sem exagero, portanto, podem-se considerar estas páginas herdeiras de um veio literário e metafísico principiado por expoentes como Dion Fortune, na Inglaterra, e Yvonne do Amaral Pereira, nas terras da Vera Cruz.

Convém mencionar, ainda, as breves, mas substanciosas linhas trazidas pelo internacionalmente aclamado Dr. Nicholaj de Mattos Frisvold acerca de um mistério tão mal compreendido no seio dos cultos afro-brasileiros, mas que se encontra fielmente preservado no milenar culto de Ifá, um dos últimos vestígios da tradição sob a ótica perenialista: Ìyàmi Ọ̀ṣórọ́ngá.

Prepare-se, pois, leitor, para deitar os olhos em terras hoje esquecidas, aspirar o aroma de perfumes exóticos, ouvir melodias distantes e línguas extintas. Esteja pronto, sobretudo, a lançar um novo olhar sobre a mulher, o feminino, a Mãe, com toda a sua força e vigor.

Talvez, assim, você também se lembre...

[3] Deixarei à curiosidade e, talvez, à intuição do leitor perquirir o porquê da menção nominal ao teólogo francês.

Apresentação

Caros leitores e leitoras!

Qual o objetivo deste pequeno livro?

Além de se constituir em uma prazerosa leitura, o objetivo principal é a elucidação de algumas dúvidas que muitos têm sobre a espiritualidade, sem devaneios ou proselitismo de qualquer espécie, além de evidenciar a importância do resgate do sagrado feminino e do dinamismo matriarcal, principalmente nos templos espirituais.

Recorri às mensagens enviadas pelo Astral Superior, associadas aos meus conhecimentos prévios desta e de outras vidas e aos já existentes trazidos à luz por médiuns e escritores idôneos. Várias foram as preciosas colaborações de amigos encarnados e desencarnados.

Não se pretende, nesta obra, proceder a uma abordagem acadêmica. No entanto, algumas considerações, nesse âmbito, são necessárias para entendermos melhor o contexto sobre o sagrado feminino e o sagrado masculino.

A alteridade expressa a qualidade ou estado do que é outro ou do que é diferente. É a parte do processo da individuação, que passa por ela para chegar a uma consciência mais ampla e holística. E o caminho ocorre na acolhida dos opostos, em sua integração, que não é assimilação ou eliminação.

Jung[4] afirma que o arquétipo da alteridade se refere a pares de opostos observados na natureza. Já na opinião de Furlanetto[5]:

[4] JUNG, Carl Gustav. *Os arquétipos e o inconsciente coletivo*. 11. ed. Petrópolis: Vozes, 2018.

[5] FURLANETTO, Ecleide. O papel do coordenador pedagógico na formação contínua do professor: dimensões interdisciplinares e simbólicas. In: QUELUZ,

> O dinamismo da alteridade busca coordenar o dinamismo matriarcal e o dinamismo patriarcal. Ele funciona em polaridade e relaciona e complementa dois valores importantes para o funcionamento e a compreensão da realidade.

Hoje, muito se fala sobre o empoderamento feminino. Mas, do que se trata? Analisemos este exemplo.

O empoderamento feminino significa uma mulher tomar o lugar de um homem em uma empresa, em um cargo político, em um sistema religioso? Não. É o direito de uma mulher ocupar os mesmos cargos, ter o mesmo reconhecimento e receber salários iguais aos dos homens.

Conforme Sadhguru[6]:

> Mulheres que genuinamente têm algo de feminino nelas e, também homens que não se envergonham de ser femininos, quando precisam ser esse equilíbrio, que tem que ser trazido à tona em uma sociedade. É somente nesse equilíbrio que existe empoderamento.[7]

Há várias abordagens sobre o sagrado feminino, como esta:

> O **sagrado feminino** é uma filosofia de mulheres ao redor do mundo que tentam acessar sua deusa interior. Sendo assim, elas procuram se conectar com seus ciclos, com a sua natureza e com suas raízes, para viver de forma mais harmônica com seus corpos, ouvindo a voz interior, os *insights* e os instintos.[8]

No capítulo seguinte, Larayara nos brinda com uma abordagem mais transcendental sobre o tema.

O sagrado feminino está associado, em níveis externos,

Ana Gracinda (Org.). *Interdisciplinaridade:* formação de profissionais em educação. São Paulo: Pioneira, 2003. p. 83-101.

[6] Jaggi Vasudev, comumente referido como Sadhguru, é um yogi, místico e escritor indiano.

[7] Fragmento da mensagem do Sadhguru no Dia Internacional da Mulher, 8 mar. 2021. Disponível em: <https://www.youtube.com/watch?v=rEEcm355RQg>.

[8] CARUSO, Tati. Sagrado feminino: saiba o que é e resgate suas raízes. *Espiritualidade. Vida & Estilo*, 24 fev. 2021. Disponível em: <https://www.dci.com.br/dci-mais/vida-e-estilo/espiritualidade/sagrado-feminino/98514/>.

ao dinamismo matriarcal e ao empoderamento feminino. Só teremos um mundo melhor e mais justo quando o sagrado feminino estiver em harmonia com o sagrado masculino.

Durante milhares de anos, em Atlantis, os templos solares e lunares viviam em harmonia. O sagrado masculino e o sagrado feminino eram, então, complementares.

Pelos desmandos dos atlantes, ao longo dos milênios, vários cataclismas foram destruindo o continente, até chegarem à sua fase final: a Ilha de Poseidon.

Nessa última fase, os templos solares predominavam e restavam poucos templos lunares. As sacerdotisas foram relegadas a um papel secundário nos templos, até serem banidas pelo poder patriarcal. De forma geral, as mulheres passaram a ter apenas as funções de prazer sexual e procriação.

Na atualidade, as sacerdotisas e o sagrado feminino vêm recuperando o que é seu por mérito e direito. Para isso, um longo caminho foi e ainda é percorrido.

O dinamismo matriarcal, acolhedor, amoroso, cooperativo e pacífico vem sendo resgatado. Em oposição, o dinamismo patriarcal, bélico, militarista e competitivo vem perdendo força, ainda que de forma lenta.

Segundo Trindade e Trindade[9]:

> Francis Bacon associava o homem à técnica, à abstração e à cultura e a mulher era associada à natureza. Tal associação preconizava que conhecer a natureza significava saber como dominá-la, explorá-la e colocá-la a serviço do homem, ou seja, conforme suas palavras: a natureza tem de ser acossada em suas vadiagens, sujeitada a prestar serviços como uma escrava e o objetivo do filósofo natural é arrancar, sob tortura, os seus segredos. Algumas das nefastas ações de Francis Bacon levaram para a fogueira muitas mulheres acusadas de praticar bruxaria e magia. Talvez ele nunca tenha parado para pensar que a maior de todas as magias só pode ser feita pelas mulheres: dar à luz.

[9] TRINDADE, Diamantino Fernandes; TRINDADE, Lais dos Santos Pinto. *Os caminhos da ciência e os caminhos da educação no Brasil*: ciência, história e educação na sala de aula. São Paulo: Madras, 2007.

Mesmo em uma época em que não eram consideradas cidadãs, já que a universalidade desses direitos não as incluía, as mulheres trabalhavam, assumindo papel importante tanto no desenvolvimento das cidades medievais quanto nas primeiras indústrias. Observa-se, assim, que as mulheres, desde os tempos idos, vêm rompendo com o dinamismo patriarcal.

No período da Revolução Francesa, uma mulher teve grande destaque: Olympe de Gourges. Ela sugeria que deveria haver copresença política e social de homens e mulheres e a mesma dignidade para ambos os sexos. Reivindicava o direito de exercer uma profissão, além de lutar pela abolição da escravidão negra e da pena de morte como também por uma atenção maior à maternidade. Apesar da forte resistência masculina, as mulheres francesas conquistaram alguns direitos e a semente do feminismo começou a germinar com a criação de associações de mulheres revolucionárias. Em 1789, Olympe e mais 374 mulheres foram guilhotinadas, acusadas de comportamento masculino e esquecimento das virtudes do sexo feminino.

A história registra marcos importantes da emancipação feminina:

> Como sujeito histórico, *não foi fácil à* mulher sua presença num mundo predominantemente masculino e preconceituoso, pois ela não só precisou de inteligência, mas de competência, perseverança e astúcia para emancipar-se dos limites que a sociedade lhe impunha. A literatura e a história universal registram que, desde os seus primórdios, as mulheres foram inovadoras competentes e inteligentes.[10]

No final do século XIX, a russa Lou Andreas-Salomé, filósofa, ensaísta, psicanalista, escritora e poetisa, cercou-se de uma constelação de grandes nomes da cultura ocidental e com todos dialogava de igual para igual. Escreveu e publicou 21 livros. Brilhou no Círculo de Viena, influenciando e despertando a paixão de vários intelectuais da época, como Nietzsche, Rilke e Tolstói, além de ter sido colaboradora de Freud.

[10] GOMES, Maria José Teixeira Lopes. *A condução da mulher na história e na literatura*. João Pessoa: Academia Feminina de Letras da Paraíba, 2006.

Lou Andreas-Salomé.
Fotografia: Atelier Elvira, Munique, 1897.

Em suas *Memórias*[11], Lou Andreas-Salomé sintetizou sua concepção sobre a vida:

> A vida humana – na verdade, toda a vida – é poesia. Nós a vivemos inconscientemente, dia a dia, fragmento a fragmento, mas, na sua totalidade inviolável, ela nos vive.
> Ouse, ouse... ouse tudo!
> Não tenha necessidade de nada!
> Não tente adequar sua vida a modelos,
> Nem queira você mesmo ser um modelo para ninguém.
> Acredite: a vida lhe dará poucos presentes.
> Se você quer uma vida, aprenda... a roubá-la!
> Ouse, ouse tudo!
> Seja na vida o que você é, aconteça o que acontecer.
> Não defenda nenhum princípio, mas algo de bem mais maravilhoso:
> Algo que está em nós e que queima como o fogo da vida!

Nos campos da ciência, da educação e do conhecimento em geral, tivemos alguns feitos femininos notáveis, tais como Hipátia de Alexandria, na filosofia e na matemática; Marie

[11] Disponível em: <https://pt.wikipedia.org>.

Curie, em física e química; Lise Meitner, em física; Lygia Fagundes Telles, na literatura; Nísia Floresta, na educação; Augusta Generoso Estrela e Rita Lobato, na medicina, dentre muitas outras.

Hipátia de Alexandria.
Arte de Elbert Hubbard, 1908.

Marie Curie em seu laboratório.
Disponível em:
<https://www.atomicarchive.com/resources/biographies/marie-curie.html>.

As conquistas femininas foram marcadas por avanços e retrocessos. Ainda durante o século XIX, as diferenças de tratamento entre o homem e a mulher no mercado de trabalho e no âmbito social foram se tornando mais acentuadas. As mulheres recebiam salários menores e eram colocadas em segundo plano nos processos de decisão em locais de trabalho, sindicatos e partidos políticos.

Felizmente, com o passar do tempo, a situação foi mudando e, hoje, uma parte significativa das mulheres pode trabalhar e estudar em igualdade de condições com os homens. A era da "rainha do lar" esgotou-se. O resgate do dinamismo matriarcal não estacionou e a inserção da mulher em todas as áreas do conhecimento é uma realidade global. Os homens de nossa época assimilam melhor a ascensão feminina, porém, ainda não nos é possível dizer que ao lado de uma grande mulher existe sempre um grande homem.[12]

Tanto no aspecto espiritual quanto no material ocorre, em determinado momento de nossas vidas, um verdadeiro ponto de mutação, conforme nos explica I Ching[13]:

> Ao término de um período de decadência sobrevém o ponto de mutação. A luz poderosa que fora banida ressurge. Há movimento, mas este não é gerado pela força... O movimento é natural, surge espontaneamente. Por essa razão, a transformação do antigo torna-se fácil. O velho é descartado e o novo é introduzido. Ambas as medidas se harmonizam com o tempo, não resultando daí, portanto, nenhum dano.

O ponto de mutação espiritual não ocorre do dia para a noite. É um processo de desconstrução e reconstrução. Nos aspectos de minha caminhada espiritual, o ponto de mutação começou em 2008, quando conheci Tânia Resende, importante médium de canalização, e Rosa Teubl, fabulosa pintora mediúnica.

---

[12] Para mais informações sobre o trabalho dessas fabulosas mulheres, remetemos leitores e leitoras à seguinte obra: TRINDADE, Ana Paula Pires; TRINDADE, Diamantino Fernandes. *Leituras especiais sobre ciências e educação*. São Paulo: Ícone, 2009.

[13] Citado na obra: TRINDADE, Diamantino Fernandes. *O ponto de* mutação *no ensino das ciências*. São Paulo: Madras, 2005.

Em maio de 2008, participei de um *workshop* sobre Magnifeid Healing, ministrado por Tânia Resende no Anima Mundhi.[14]

Em agosto do mesmo ano, logo após Rosa Teubl ter concluído (em menos de 50 minutos) uma pintura mediúnica de Adam, meu amado irmão das altas esferas espirituais, Tânia Resende canalizou (em dois minutos) uma carta de Adam.

A partir de então, comecei o meu processo de resgate do sagrado feminino, algo que também vem ocorrendo em nossa casa espiritual. Com isso, tornei-me um ser humano melhor, mais sereno, amoroso, acolhedor e passei a ser o outro em mim.

Iniciamos esta obra com o texto "Sagrado feminino: o elo do percurso espiritual", de Larayara. O capítulo seguinte é: "Akayala: de sacerdotisa atlante a pombagira no terreiro de umbanda". Logo após, temos o singelo texto de Jacob Boheme intitulado "Sophia: o cântico da noiva", seguido de "O hino de Ísis".

Continuamos com um importante texto de W.W. da Matta e Silva intitulado "Dona de sete reinos". Já "Pombagira Maria Caveira fala sobre o sagrado feminino" é um texto dirigido às mulheres e aos homens, por meio da mediunidade de Yêyánayá. Na sequência, tem-se um belo poema de Selene: "Amor incondicional", que nos remete a Atlantis.

Reproduzimos as cartas de Akayala e Asu Mirendo Mer (Urhammu) para Rikal, canalizadas por Tânia Resende, textos importantes no contexto desta obra.

Alguns aspectos da replicação do Templo Atlante, em 2019, são também abordados. Uma mensagem de Selene – "A sacerdotisa do portal" – explica o funcionamento do acolhimento e tratamento de alguns seres desencarnados no orbe terrestre em uma pequena colônia espiritual. Continuando, temos o texto "Guardiões astrais", de Selene, seguido do belo poema "Sentinela", de Mayaráitá.

Odete Terapeuta é uma mulher de grande espiritualidade, humildade e extrema bondade. Além de exímia terapeuta, possui o dom bem apurado da vidência astral. Rikal agendou uma sessão de acupuntura com ela e os fatos ocorridos durante o processo são relatados por ela, quando duas vivências

[14] Mais detalhes sobre o Magnifeid Healing serão abordados no capítulo Mãe Kuan Yin.

dele vieram à tona – uma delas com a medicina vibracional – no capítulo "As visões de Odete Terapeuta durante uma sessão de acupuntura".

Yara é uma filha querida, muito ativa e alegre. Em 2019, recebeu o diagnóstico de um câncer. Recebeu vários tratamentos, incluindo radioterapia e quimioterapia. Depois de algum tempo em coma, no final de 2020 partiu para o Òrún.

Rosa Terapeuta relata, no texto "Yara em tratamento em uma colônia espiritual", o transe mediúnico noturno em uma colônia espiritual, onde Yara se recuperava das sequelas impregnadas em seu corpo astral, provocadas pelos fortes medicamentos e pelas sessões de quimioterapia antes de desencarnar.

Nicholaj de Mattos Frisvold nos brinda com o fabuloso artigo intitulado "Ìyàmi Ọ̀ṣóróngá: a matriz das mães".

Apresentamos, ainda, os textos: "A Virgem do Silêncio", "A santa guerreira" e "A morte e o renascimento da deusa".

Como veremos mais adiante, duas personagens de nossa história em Atlantis manifestam-se como pombagiras no terreiro de Rikal. Esta apresentação é, então, um bom momento para tecermos alguns comentários sobre as pombagiras.

O Exu Pombagira tem função importantíssima na higienização sensual do planeta. Dos sete exus, a Senhora Pombagira é a única mulher, e não a mulher de sete exus, como querem alguns. Nem sempre a pombagira é interpretada em sua forma superior.

Infelizmente, muitos desvirtuaram o conceito de pombagira, considerando-a, geralmente, como uma prostituta, uma mulher caída. No entanto, são elas que equilibram os aspectos sentimentais e sexuais do ser humano, além de trabalharem incansavelmente pelo resgate do sagrado feminino.

Quero deixar registrado o meu profundo respeito e a minha admiração a todas as pombagiras que trabalham pela caridade, com amor incondicional, nos terreiros por este Brasil afora.

Esperamos que esta obra possa servir como ponto de reflexão para os cérebros pensantes e corações sensíveis de nossos queridos leitores e queridas leitoras.

Desejo uma ótima leitura a todos.

Eu sou Diamantino Fernandes Trindade, trabalhando pelo resgate do sagrado feminino e do dinamismo matriarcal.

Hanamatan Ramayane Shafyrá

Sacerdote de Órion e Atlantis

✠ HRS

Sagrado feminino: o elo do percurso espiritual

Larayara[15]

As dimensões do sagrado feminino e a transcendência para os diferentes níveis de consciência

Antes de adentramos no tema "sagrado feminino", gostaria de explanar sobre a definição de sagrado.

O sagrado movimenta uma força interna. Na maioria das vezes, é difícil dar uma explicação racional para algo que apenas conseguimos expressar, ainda que de forma limitada, através do sentir. A palavra 'sagrado' vem do latim 'sacrum'. Está diretamente ligado à devoção espiritual e, muitas vezes, aparece como culto aos deuses. Quando atribuído a uma pessoa, traz o conceito de homem santo. Pode ser empregado no tempo, referindo-se, por exemplo, aos feriados religiosos, ou a lugares onde se impõe certo respeito, normalmente templos, igrejas, santuários etc. Também é usado em referência a objetos, normalmente algum adorno utilizado em rituais, como imagens, vestimentas, bebidas, dentre outros. De modo geral, nesse último contexto, o sagrado atribui poder ou força sobrenatural a algo, trazendo uma concretização julgada por muitos como impossível de ocorrer. Ruy Cezar[16] nos traz uma definição bem profunda do que podemos dizer como sagrado:

> Tangenciar o Sagrado é descobrir a magia do ser humano, sua significação e sua grandeza.
> É tirar de mais dentro,
> o que até agora procurávamos nas estrelas.

[15] Mãe espiritual do Templo Cristão Umbanda do Brasil. Iniciada na Raiz de Guiné.
[16] ESPÍRITO SANTO, Ruy Cezar. *O renascimento do sagrado na educação*. Campinas: Papirus, 1998.

O subjetivo se faz presente quando tentamos defini-lo. O sagrado movimenta uma força interna, difícil de ser racionalizada na expressão da concretude. O sagrado pode ser mais bem compreendido nos órgãos do sentir (região dos pulmões e do coração), mas, por sermos indivíduos, cada um o definirá com percepções estritamente particulares.

Convém ainda ressaltar, que, partindo do princípio de que cada ser humano é único no universo, ou seja, possui atributos, pensamentos e sentimentos individuais, todos terão entendimentos diferentes para o mesmo ponto de vista. A essa diferenciação na interpretação dos fatos podemos denominar níveis de consciência, que são três. Assim, sempre que discorrermos sobre um tema, ele poderá ser interpretado de três formas diferentes, mas todas estarão corretas, pois não se trata de uma ser melhor que a outra, mas reforço. São visões que trazem coesão ao entendimento.

Dimensões de consciência

Primeiro nível: consciência material

Conseguimos correlacionar com nossa vida da matéria. É mais objetiva, de mais fácil entendimento e interpretação.

Segundo nível: consciência universal

Conseguimos correlacionar com nossas percepções ligadas aos órgãos do sentir, onde a racionalidade por si só não se faz completa ao tentarmos definir. Esse nível está muito ligado a fé e ao amor. Trata-se de uma força sobrenatural.

Terceiro nível: consciência espiritual

É a nossa vida olhada pelo prisma da espiritualidade, de onde vêm os questionamentos internos sobre nós. Não se trata de ser religioso, ir a igrejas, templos e/ou lugares sagrados. Não está relacionado à religião que você escolheu ou na qual está inserido, embora a religião traga à tona a consciência sobre a espiritualidade. A espiritualidade, em uma visão ampla, abrange desde o ar que respiramos, o prazer de estar vivo à gratidão de uma conexão que transcende as barreiras da racionalidade.

Embora não exista um nível melhor que outro, como de costume nossa racionalidade tende a classificar em uma escala de melhor para o pior ou menos importante. Também podemos dizer que os níveis, quanto mais ligados à matéria, são de mais fácil entendimento; e quanto mais ligados ao espiritual, são de mais difícil entendimento, por se tornarem mais abstratos.

Quando nos deparamos com a temática do sagrado feminino em palestras, cursos, *workshops* etc., na maioria das vezes é trazida uma visão do que chamamos de primeiro nível, ou seja, uma interpretação mais ligada à concretude – lembrando que, embora não exista uma classificação dos níveis, é normal encontrarmos uma quantidade maior de assuntos descritos nesse nível de consciência –, onde vamos nos deparar com associações do sagrado feminino ao útero da mulher, ao ciclo menstrual, à necessidade de a mulher provar seu valor em relação ao homem, até mesmo em muitos estudos baseados nas pesquisas de C. Jung, onde há inúmeras analogias com a mitologia e definições dos arquétipos.

Ressalta-se que, para adentrarmos nos demais níveis, é preciso estar aberto a novas ideias, interpretações e pontos de vista que, até então, poderiam não fazer parte de nossa percepção.

O sagrado feminino é o elo que une a matéria ao espiritual, o objetivo ao subjetivo, o sutil ao denso, dentre outras dualidades.

Podemos desmembrar nossa corporalidade entre: corpo (ações/agir), sentir e pensar. Essa trimembração é sustentada por quatro pilares fundamentais: religião, ciência, arte e filosofia. Esses pilares servem para que nos desenvolvamos ao longo da vida para que, quando chegarmos ao final dela, tenhamos mais harmonia entre aquilo que pensamos, aquilo que sentimos e aquilo que colocamos em prática.

No desenvolvimento de um bebê, por exemplo, utilizamos o aprendizado lúdico respaldado na arte, valendo-nos de música e rabiscos coloridos, os quais ajudam a criança nesse processo. Mais à frente, a criança aprende, na prática, que colocar o dedo na tomada dá choque – nesse caso, a ciência explica o porquê de essa corrente elétrica se fazer presente ali. Crescendo mais um pouco, aparecem os primeiros questionamentos (sustentados pela filosofia) sobre o que estamos fazendo aqui, como chegamos aqui e para onde vamos. Mais adiante, a criança se depara com algo maior – o macro –, aquilo sobre o qual não se tem domínio nem controle e que a religião começa a tratar. Aqui ela se depara com questões sobre Deus, espiritualidade, fé etc.

Ao longo da vida, para que o desenvolvimento ocorra, vamos nos apoiando nesses quatro pilares.

Em uma visão mais abstrata, podemos dizer que o corpo, ou seja, o corpo físico, está ligado ao princípio masculino por se tratar da matéria mais densa que temos, mas isso não tem relação com o sexo que esse corpo tem. Já o sentir está associado ao princípio feminino, e o pensar, onde é fomentada nossa racionalidade, está associado ao princípio masculino. Quando nos referimos aos princípios, há predomínio da energia sutil; entretanto, isso não significa que existe cisão entre tais polaridades.

O sagrado feminino permeia a trimembração e contribui de forma poderosa para que sigamos nossa evolução enquanto seres humanos.

Ainda com o propósito de resgate do sagrado feminino, nos deparamos com deusas e imagens associadas ao sexo feminino, como Yemanjá, Afrodite, Lakshmi, Kuan Yin, Maria, Nossa Senhora Aparecida, Oxum, dentre outras, que tentam nos trazer o simbolismo do amor e da compaixão. Esses nomes invocam a energia da Mãe, por ter uma visão piedosa, acolhedora, capaz de nos abrigar diante das maiores dificuldades. O sagrado feminino visa a aflorar a afetividade em nós, nos auxiliando e nos guiando no caminho espiritual.

Buscar aprofundamento e entendimento sobre o princípio do sagrado feminino não é algo exclusivo para ser trabalhado nas mulheres – ambos os sexos devem perseguir e trabalhar o sagrado feminino em si –, pois a espiritualidade está conectada ao sentir. Assim, quanto mais trabalhamos a afetividade, mais conseguimos nos harmonizar com essa energia sutil.

Os atributos do sagrado feminino – escutar, amparar, orientar, respeitar e acolher – são ferramentas poderosas para a autocompreensão.

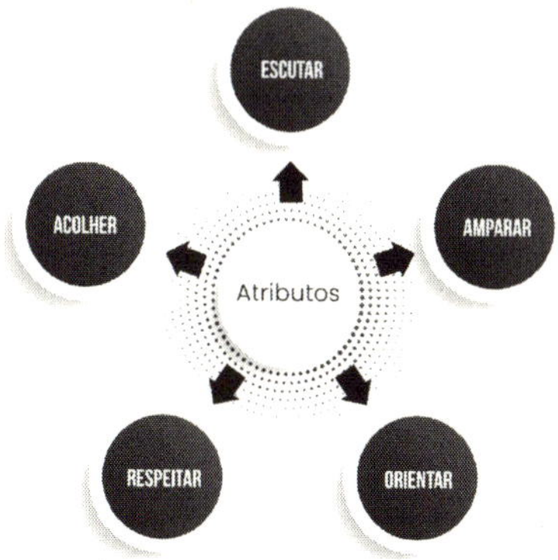

Falar do sagrado feminino pode ser até fácil, mas como colocá-lo em prática pode nos trazer certa dificuldade por falta de conhecimento. Por sabermos que se trata de um princípio, que, no nível mais sutil nos conecta com a espiritualidade, faz-se necessário que tenhamos um momento com nós mesmos para nos harmonizar com tal princípio. São coisas simples que já conhecemos e que, ao serem aplicadas de forma consciente, podem ajudar, e muito, em nossa harmonização: oração, meditação, silêncio por alguns minutos, uma boa leitura que eleve a vibração de nossa mente e tranquilize nosso sentir. Viver o sagrado feminino é mergulhar em si mesmo constantemente.

Entretanto, quanto mais deixamos pensamentos brutos e densos povoarem a nossa mente, como julgamento exacerbado, maledicência, criticas etc., mais nos distanciamos do verdadeiro sentido do sagrado feminino, principalmente daquela energia mais sutil que descrevemos como terceiro nível de consciência. Dessa forma, embora sabendo que ele existe e tendo conhecimento sobre ele, não conseguimos senti-lo em sua verdadeira profundidade.

Seja verdadeiro com você. No dia a dia, você é uma pessoa que está inserida em um meio no qual as pessoas gastam mais tempo com suposições e fofocas? Então, comece a escolher melhor as amizades e com quem você convive. Observe suas ações: se você sempre briga com alguém e se alimenta de maledicência, apenas rezar e meditar cinco minutos por dia não o farão compreender e sentir o sagrado feminino em harmonia.

Quando você passa a ter consciência do que não lhe faz bem, você busca mudar; entretanto, se não parou para refletir sobre isso, você acaba levando a vida somente na consciência da matéria ou limitando-se ao crescimento. Sentir a espiritualidade, o sagrado feminino, é buscar sempre o autoaperfeiçoamento como seu melhor amigo. Por esse motivo, insistimos para que seja verdadeiro consigo mesmo, pois, sem isso, será difícil alcançar compreensão e vivência harmônica com o sagrado feminino.

Dessa forma, repetimos: não são os cinco minutos de oração, meditação etc. que farão você vivenciar essa sutilidade de forma instantânea. Porém, a constância em tais práticas poderá levá-lo a trilhar a via evolutiva mais consciente e com maior intensidade desse princípio.

O caminho do sagrado feminino

Tudo que vivenciamos na matéria gera insumos para o nosso sentir e, consequentemente, para o nosso desenvolvimento. Porém, se ignoramos o que sentimos, ou seja, se tentarmos sufocar tais sentimentos, acabamos nos distanciando do caminho espiritual, caminho este como escolha consciente do querer.

Ao analisarmos o conteúdo da visão esquemática sobre o sagrado feminino, apresentada a seguir, observamos que as perguntas constituintes do campo "Interno" (no lado esquerdo) existem desde que a humanidade tem registro; porém, para elas não existe uma resposta pronta. Tais questões são consideradas como pertencentes ao campo do "Inconsciente", pois não se tem respostas concretas para elas respaldadas na ciência. Ao longo da vida, vamos tendo diferentes perceberes sobre essas questões. É como se construíssemos uma resposta que não tem fim, não tem certo nem errado, pois, a cada novo momento de percepção de nós mesmos, vamos mudando. Por mais vivências e relatos que tenhamos, não podemos afirmar que existe uma fórmula única para seguir o caminho.

Embora a grande maioria objetive seguir um caminho de forma linear, buscando o caminho traçado por outrem, pois, dessa forma, diminuiria a exposição ao adverso e desconhecido, mantendo o controle da situação, ainda assim a vida ensina que não existem dois caminhos iguais.

Ao analisarmos o lado direito da imagem da visão esquemática ("Externo"), nos deparamos com pilares que nos ajudam a nos desenvolver. A partir de experiências, estudos e vivência próprios, construímos o nosso ser. Através dos estudos, modificamos nosso raciocínio e passamos a intensificar nosso aprendizado, obtendo conclusões mais profundas sobre nossos acertos e erros. Nossas vivências, quando analisadas de forma consciente e verdadeira, abrem as portas de nossa *persona*, modificando os parâmetros do que chamamos realidade. Sem estudos, o nível de avaliação de si mesmo se torna raso e sem insumos para qualquer percepção de si.

No rodapé da imagem da visão esquemática, encontramos três alicerces importantes – Pensar / Sentir / Agir –, os quais passamos a vida aperfeiçoando. Na realidade, o que buscamos, mesmo sem ter tanta clareza, é uma vida em equilíbrio. E uma vida em equilíbrio com a espiritualidade é ter coerência com aquilo que pensamos, a forma que sentimos e como executamos na matéria. Quando esses três elementos estão desconexos, nós nos distanciamos ou temos dificuldades para trilhar o caminho espiritual.

Trilhar o caminho espiritual não é uma escolha, é um fato, considerando que estamos encarnados. O que vai diferenciar tirarmos mais proveito desse caminho é o quanto buscamos sobre nosso desenvolvimento. Embora baste nascer para estarmos na lei do caminho do sagrado feminino, quanto mais obtivermos consciência de nós mesmos, mais usufruiremos desse caminho de forma leve, harmônica e consciente.

A escolha é sua em priorizar ou não seu crescimento, mas

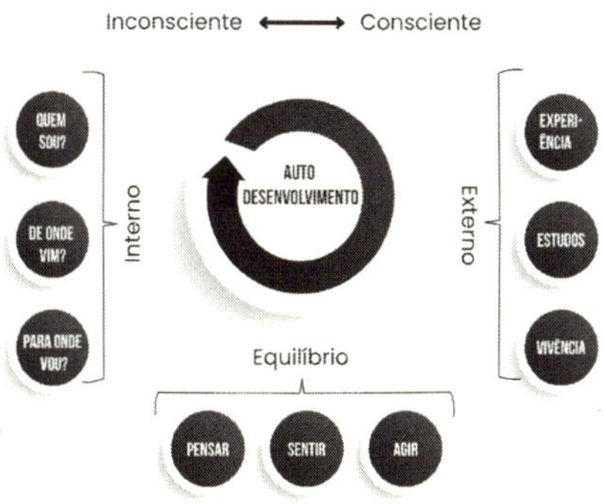

também são devidas a você as consequências. Assim, atribuir os ônus ao Pai (Deus, Santidade, Alá etc.) e as conquistas ao próprio esforço significa se manter na cegueira do primeiro nível de consciência, onde apenas as consequências da matéria são levadas em consideração e as forças espirituais servem apenas como muleta para justificar os próprios erros e fracassos.

Ao adquirirmos mais conhecimento e praticá-lo verdadeiramente, despertamos alguns atributos em nossos órgãos sensitivos, o que nos possibilita sermos mais humanizados.

Dessa forma, voltamos a frisar: não adianta conhecer se não praticar. O sagrado feminino enfatiza a evolução, o caminho que nos liga ao Pai. Buscarmos ser mais humanos deveria ser a prioridade principal de nossas vidas, mas, muitas vezes, negligenciamos nosso caminhar, priorizamos somente coisas materiais e nos distanciamos daquilo que deveria ser o alvo principal, se assim podemos nos expressar.

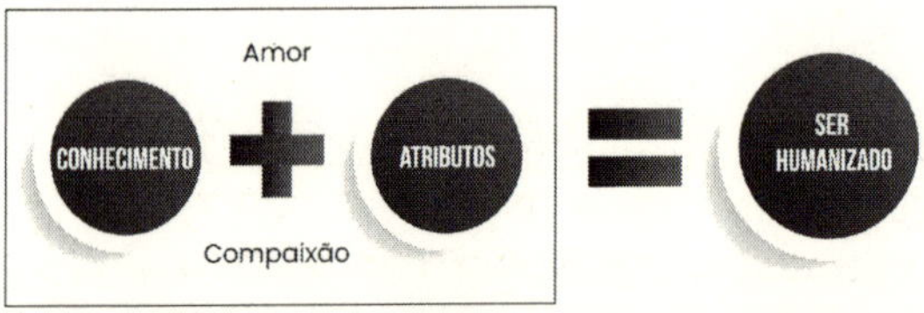

Sigamos o caminho do meio. Assim, nos manteremos em um caminho harmonioso entre realizações terrenas e espirituais. Lembre-se de que a vida não tem atalhos. Seja um adulto responsável consigo mesmo. Busque seu crescimento e você perceberá a mudança em sua vida.

"Conhece-te a ti mesmo, torna-te consciente de tua ignorância e serás sábio." (Sócrates)

Akayala: de sacerdotisa atlante a pombagira no terreiro de umbanda

Diamantino F. Trindade

> Horas, minutos e instantes seguem a ordem austera de Cronos até que um dia possamos vivenciar intensamente Kairós e não mais seremos escravos do tempo.

A destruição do grande continente de Atlantis foi motivada por uma série de catástrofes das mais variadas espécies: desde grandes cataclismas, em que territórios e populações pereceram, até os comparativamente insignificantes deslizamentos de terra. Uma vez iniciada a destruição, pela primeira grande catástrofe, não houve intervalos entre os deslizamentos menores que, lenta, porém incessantemente, continuaram a destruir o continente.[17]

Além de seres primitivos autóctones, a Terra recebeu, de várias origens siderais, povos mais adiantados e povos menos adiantados, como também "marginais astrais" (O Criador não desampara ninguém).

Atlantis foi um país-continente que durou centenas de milhares de anos. Muitos seres de alta envergadura das constelações de Capela[18], Órion e Sirius ali encarnaram para dar suporte a milhares de seres em processo evolutivo, primitivos da Terra e outros que vieram de várias partes do Cosmos: "Os primeiros atlantes trouxeram em sua bagagem, para a vida no novo mundo, suas mal resolvidas tendências de controle

[17] SCOTT-ELLIOT, W. *Lendas de Atlântida e Lemúria*. São Paulo: Madras, 2011.
[18] ARMOND, Edgard. *Os exilados da Capela*. 11. ed. São Paulo: Aliança, 2011.

sobre os mais fracos"[19].

No período áureo de Atlantis, na chamada Grande Atlantis, com a sua "Cidade das Portas de Ouro", a ligação com o sagrado era direta: não precisavam de intermediários nem havia solução de continuidade. Havia um modo de pensar e agir idêntico, em que toda a família humana se comunicava de modo fácil e natural, de qualquer lugar, de forma privada, sem interferência, pois existia o domínio da telepatia, que era usada de forma digna e ética. A clarividência era algo natural. Não havia necessidade da mediunidade para se contatar com os seres superiores em outras esferas. Os habitantes de Atlantis desse período áureo moviam-se tão suavemente como o ar.

> Os atlantes eram homens fortes, alentados, de pele vermelho-escura ou amarela, imberbes, dinâmicos, altivos, e excessivamente orgulhosos. Desenvolveram faculdades psíquicas notáveis para a sua época, que passaram a aplicar aos serviços de ambições inglórias.[20]

Os sacerdotes e sacerdotisas tinham a função de orientar a melhor forma de manter essa ligação saudável, não permitindo a interferência dos seres marginalizados do Astral, que não tinham ainda permissão para encarnar em nenhum local, e que sempre enviavam energia fluídica negativa com o intuito de desestabilizar e destruir os cidadãos atlantes em sua individualidade e, assim, atingir sua sociedade como um todo.

Por isso, a necessidade de sacerdotes e sacerdotisas estarem sempre atentos e serem extremamente cuidadosos para orientar o povo e comandar os rituais.

Como consequência do alto grau de espiritualidade, praticamente não existiam doenças físicas, pois, como sabemos, elas advêm dos campos mental, emocional e espiritual. Reinava a paz e o amor incondicional.

Nessa época áurea, o desenvolvimento intelectual de muitos atlantes não tinha barreiras, inclusive no campo da alta tecnologia, que trouxe um salto evolutivo e de aperfeiçoamento em todos os setores. Utilizavam, por exemplo, máquinas

[19] ORLOVAS, Maria Silvia P. *Os filhos de Órion*: a chegada da hierarquia de luz. São Paulo: Madras, 2012.
[20] ARMOND, Edgard. *Os exilados da Capela*. 11. ed. São Paulo: Aliança, 2011.

voadoras, as vimanas, que atingiam alta velocidade, utilizando a energia do Sol, guiadas por ondas mentais e constituídas de materiais fluídicos, logo, sem qualquer tipo de poluição.

> As vimanas eram constituídas de um metal levíssimo, desconhecido por nós, bem parecido com esse papel laminado, prateado, embora mais grosso, construídas sem emendas, de aparência inteiriça. O interior era forrado por macia camada de uma espécie de feltro, com poltronas presas ao chão, mas rotativas, com movimentos em várias direções. Um painel simples em frente à poltrona do condutor, com dois mostradores, um marcando a velocidade, o outro a altitude. Essas vimanas deslocavam-se no ar a grandes velocidades e sem fazer o menor ruído, pois eram impulsionadas pela energia solar, acumulada em um grande cristal branco situado logo abaixo dos mostradores no painel do comando. As menores tinham dois lugares e as maiores, quinze lugares.[21].

Existem escritos antigos sobre as vimanas. Cita-se, como exemplo, o *Samara Sutradhara*, que é um tratado científico que aborda todos os aspectos possíveis dos vimanas, tais como manuais de voo, construção, decolagem, voos cruzeiros, aterrissagem normal e/ou forçada etc.

Comentários sobre os textos védicos da criação citam:

> Voavam na "velocidade do vento" e produziam um "som melodioso". Decolavam verticalmente e podiam pairar no ar, como um helicóptero. Havia pelo menos quatro tipos diferentes de vimanas. Um dos tipos é descrito exatamente como imaginamos um disco voador "clássico": circular, com portinholas e um domo. Outros em forma de pires, e outros ainda como um longo cilindro (em forma de cigarro). Todos batem exatamente com descrições de discos voadores feitas no mundo todo, por pessoas que com certeza desconhecem os Vedas.

Guardadas as devidas proporções e diferentes densida-

[21] FERAUDY, Roger. *Baratzil*: a terra das estrelas. 2. ed. Limeira: Conhecimento, 2008.

des, as vimanas nos lembram, de alguma forma, os aeróbus de *Nosso Lar*, citados por André Luiz[22]. E, como em Nosso Lar, os atlantes também praticavam a arquitetura, a escultura, a pintura e a música.

Contudo, os atlantes desvirtuaram o uso dessas maravilhosas naves. Feraudy[23] cita:

> Os atlantes passaram a usar as vimanas não mais para viajar, facilitar seu deslocamento no espaço de um lugar para outro, mas para destruir, usando os grandes tubos de luz mortal nesses engenhos, desvirtuando sua finalidade principal.

Os atlantes utilizavam os cristais para criar intensos campos de força magnética, que produziam grandes quantidades de energia para diversos fins.

Os seres de outras constelações, ao aceitarem viver no plano terreno, passavam a ter uma densidade maior do que aquela que possuíam na esfera superior, onde eram energeticamente fluídicos, sabiam e conseguiam se alimentar por meio da energia dos elementos vivos, aquela energia doada espontaneamente do coração.

No entanto, ao se tornarem mais densos, precisavam também de uma alimentação mais consistente e começaram a usar conhecimentos para se organizarem, a fim de produzirem seus alimentos e seu habitat, pois, com maior densidade, precisavam de proteção devido às intempéries do novo meio.

Nesses tempos áureos, reinavam príncipes com força astral indescritível, que dominavam quase todo o continente. O território Atlantis era imenso e se propagava do que hoje conhecemos como Groenlândia até o Planalto Central do Brasil: "O continente atlante estendia-se do leste da Islândia até o local onde hoje fica o Rio de Janeiro".[24]

Havia uma grande quantidade de templos espalhados estrategicamente pelo continente. O culto à natureza e ao sagrado fazia parte do cotidiano dos atlantes.

---

[22] LUIZ, André (Espírito). *Nosso lar.* [Psicografado por] Francisco Cândido Xavier. 18. ed. Rio de Janeiro: Federação Espírita Brasileira, 1991.

[23] FERAUDY, Roger. *Baratzil*: a terra das estrelas. 2. ed. Limeira: Conhecimento, 2008.

[24] SCOTT-ELLIOT, W. *Lendas de Atlântida e Lemúria*. São Paulo: Madras, 2011.

A alta tecnologia estava presente em todas as atividades. Era uma vida plena, tanto nos aspectos materiais quanto nos espirituais.

Em determinado momento, aqueles que possuíam o mal em seu interior e que, *a priori*, não tinham ainda permissão de tomar um corpo denso, passaram a ter essa permissão, que era a oportunidade de se redimirem por meio dos adventos adversos pelos quais teriam de passar e com os quais deveriam lidar. Entretanto, aqueles que não conseguiram ou não desejaram mudar, por revolta, provocaram o desequilíbrio energético por meio da busca inescrupulosa e, muitas vezes, violenta do poder.

Essas ações desestabilizaram a harmonia social, incitando e provocando no povo reações nefastas e violentas referendadas nas deles. Utilizavam a magia negra para aniquilar seus inimigos e subjugar o povo, de modo a conquistar poder e domínio a qualquer custo.

> Os atlantes não respeitaram a Natureza. Como respostas inevitáveis a essas agressões, que duraram por muitos séculos, grandes catástrofes sucederam, e os seres de Atlântida assistiram perplexos à ruína de seu mundo.[25]

Tudo isso provocou uma reação do Plano Astral, que decidiu que era necessário agir para colocar um paradeiro em tamanha calamidade, para não destruir o pouco que havia sido conquistado na evolução humana e, como consequência, uma grande parte do continente sucumbiu após um grande cataclisma[26]:

> Com o tempo, o povo de Atlântida se deteriorou. De uma nação cumpridora da lei e pacífica, se tornou gananciosa e guerreira. Atlântida decaiu de seu estado de felicidade por causa da ganância e da ambição, que levaram os habitantes a ignorar as Leis Divinas, e, como consequência, a terra foi destruída por terremotos e dilúvios. A ligação dos indivíduos com a hierarquia oculta foi quebrada. A grandeza

[25] ORLOVAS, Maria Silvia P. *Os filhos de Órion*: a chegada da hierarquia de luz. São Paulo: Madras, 2012.

[26] Evento ocorrido há, aproximadamente, 800 mil anos.

> pessoal, a obtenção de riqueza e autoridade, a humilhação e a ruína dos inimigos tornaram-se cada vez mais os objetivos para os quais os poderes ocultos das pessoas foram direcionados. Esses poderes, quando não mais usados de acordo com a lei e praticados apenas com propósitos egoístas e malévolos, levam inevitavelmente ao que chamamos de feitiçaria. Os feiticeiros usavam seus poderes de modo cada vez mais descuidado, e um número crescente de pessoas aprendia e praticava essas terríveis "artes negras".[27]

Vejamos as palavras de D'Olivet[28] sobre o cataclisma em seus aspectos físicos:

> O espantoso cataclisma que submergiu a Atlântida foi causado por um movimento brusco do globo terrestre que, elevando repentinamente o polo boreal [polo Norte], que estava baixo, colocou-o em uma posição contrária à que ocupava antes. Nesse movimento, que talvez tenha tido várias oscilações, a massa das águas que se encontrava nesse polo correu violentamente para o polo austral [polo Sul], refluiu ao polo boreal e voltou repetidas vezes ao polo oposto, onde finalmente se acomodou, sobrecarregando-o com o seu peso.

O que ocorreu após essa catástrofe?

> Quando aconteceu o afundamento parcial de Atlântida, o complexo tecnológico submarino foi o primeiro a sucumbir, levando uma porção da tecnologia que não pôde ser recriada. Os sobreviventes tiveram de se adaptar às novas condições de vida; no entanto, não foi necessário voltar à Idade da Pedra, pois apenas parte da tecnologia de outrora se perdeu. A nova Atlântida foi estabelecida conforme os ditames do Conselho dos Grandes, seres escolhidos pelo saber e pela pureza de pensamento.[29]

---

[27] SCOTT-ELLIOT, W. *Lendas de Atlântida e Lemúria*. São Paulo: Madras, 2011.
[28] D'OLIVET, Antoine Fabre. *História filosófica do gênero humano*. São Paulo: Ícone, 2006.
[29] ORLOVAS, Maria Silvia P. *Os filhos de Órion*: a chegada da hierarquia de luz. São Paulo: Madras, 2012

Agora pequeno, Atlantis teve uma nova civilização, comandada pelos remanescentes da primeira fase. Tempos áureos surgiram gradativamente, mas os erros se repetiram e um novo cataclisma fez sucumbir Atlantis, restando uma área geográfica ainda menor, que alguns chamaram de Poseidonis. Essa foi a fase final de Atlantis.

A história que aqui vou contar tem início há alguns milênios nesse esplendoroso continente perdido de Atlantis, na fase final de sua existência, destruído por diversos cataclismas geológicos, motivados não só pela ação da natureza como também pela densa energia negativa desencadeada pela magia negra movimentada por seres de baixa estirpe em busca do poder temporal.

Ao contar essa história, relembrarei fatos que ocorreram em tempos imemoriais. Retornarei a uma época tão distante, que já está esquecida e recalcada no inconsciente das pessoas comuns. A humanidade moderna crê que eles pertençam a um mundo lendário, existente apenas na imaginação dos contadores de histórias que falam de magia, fadas, reis, príncipes encantados, sonhos realizados.

Com o desenvolvimento da ciência e da tecnologia, as pesquisas sobre Atlantis têm sido exaustivas e muitas evidências têm vindo à luz. Torna-se cada vez mais difícil acreditar que a existência de Atlantis seja apenas ficção científica.

O povo atlante julgava a si mesmo pelo caráter, associando as vidas material e espiritual. Possuíam grande poder e habilidade mental e tecnológica. Ao nascer, eram agregados, em função de suas habilidades, para melhor aperfeiçoamento e contribuição no trabalho e na manutenção do povoado.

Os sacerdotes e sacerdotisas cuidavam dos povoados, auxiliavam em todas as áreas, sempre visando à evolução de cada um em suas limitações, com o intuito de melhor direcioná-los e inseri-los no trabalho e convívio de todos.

Por diversos motivos, tudo isso foi se modificando ao longo dos milênios. Gradualmente, o poder letal da espada, símbolo do patriarcalismo machista, foi se instalando. Os sacerdotes masculinos dominavam a maioria dos templos.

Quanto mais denso o ser, maior a dificuldade de lidar com

a liberdade, a lealdade, a verdade e o amor incondicional.

Muitos seres de inteligência superior saíram de suas pátrias siderais por não conseguirem permanecer entre os seus, pois a sua conduta inadequada não mais se alinhava com a condição de evolução desses *loci* siderais. Foram marginalizados e, por fim, exilados e inseridos novamente na sociedade na Terra, porque o Pai Maior e a Grande Mãe Universal acolhem a todos e propiciam meios para que se curem e se regenerem. Esse processo ocorreu pelo mecanismo da reencarnação, propiciando meios para que pudessem reencontrar o caminho da regeneração e da evolução.

Tiveram a oportunidade de trazer novos conhecimentos para toda a humanidade; porém, a maioria deles foi envolvida pela vaidade, pelo egoísmo, pela baixa magia e sede de poder sobre os seres primitivos, provocando, novamente, a violência e a desarmonia. Por esse motivo, o Astral Superior decidiu novamente intervir e diversos cataclismas ocorreram, em várias fases, na maior parte de Atlantis. O segundo cataclisma ocorreu há 200 mil anos e o terceiro, há 80 mil anos. Este foi o mais devastador e destruiu tudo o que restava do continente, à exceção da ilha à qual Platão denominou Poseidonis:

> Nos últimos tempos da Grande Atlântida, degenerara de tal forma a utilização dos conhecimentos espirituais, que a crença em um Deus Único ficou obscurecida pelas práticas da magia negra, pelo culto dos deuses mitológicos e pelos interesses de ordem puramente material.[30]

Era a Terra expulsando aqueles que desvirtuaram seus propósitos. Intensas movimentações das placas tectônicas provocavam erupções vulcânicas, terremotos e maremotos. Em determinado momento, ocorreu uma mudança no eixo da Terra, o que afetou ainda mais o continente, fazendo com que um cataclisma dizimasse imensas porções de terra e milhões de seres encarnados:

> As coisas, como as pessoas, os animais, as religiões, as terras, o mar, estão sujeitas a uma lei cíclica de aparecimento, cumprimento e desapareci-

[30] ARMOND, Edgard. *Na cortina do tempo*. 5. ed. São Paulo: Aliança, 2019.

mento em um plano determinado. Tudo passa para novamente recomeçar.[31]

Após esse evento, uma boa parte dos sobreviventes migrou para regiões mais seguras para se protegerem e se preservarem, adaptando-se à nova realidade. A postura desses atlantes, que se misturaram a uma civilização guerreira, já encarnada, deu origem a seres com nova visão de mundo, já muito distante dos povos da primeira fase áurea do continente.

Ocorreram, em consequência, desenvolvimento tecnológico de armas e expansão da educação; porém, os bens materiais tornaram-se mais importantes do que a espiritualidade. Gradativamente, a intuição, a clarividência e a telepatia foram diminuindo.

O culto à natureza e ao sagrado foi também se perdendo. Uma grande corrupção psíquica degenerou os atlantes, com sacerdotes passando para o "lado negro da força" e, em consequência, ocorreu novo e grande cataclisma.

A nossa história ocorre em uma época estimada há 11.500 anos, em uma região do agora pequeno continente (Ilha de Poseidonis). Chamaremos a essa região de Atlantis do Sul. A maioria dos templos daquela época cultuava o Sol.

Nessa região de paz, talvez esquecida pelos outros reinos ou devidamente protegida pelo Astral, os templos cultuavam a Lua em equilíbrio com o Sol. Não propriamente o Sol e, sim, a luz emanada pelo grande astro, que significa a manifestação do Grande Espírito Eterno.

Entretanto, era uma época difícil, pois os pequenos reinos (patriarcais) do pequeno continente lutavam entre si pelo poder temporal. As guerras fraticidas corriam à solta há muito tempo e a magia negra imperava.

Uma importante família de seres espirituais iluminados, proveniente da constelação de Órion, habitava Atlantis há alguns milênios, por meio de sucessivas encarnações. Eram seres de grande sabedoria e poder espiritual, prevalecendo entre eles o sagrado feminino, amoroso, acolhedor. Eles haviam se comprometido a encarnar na Terra para ajudar os primitivos seres humanos no processo de evolução material e

[31] Sarhimar, grande sacerdote do templo solar.

espiritual. Quatro desses seres são os personagens centrais da história que iremos narrar.

Após o segundo e o terceiro cataclisma, a maior parte do continente submergiu e, mais uma vez, aqueles em desalinho com a Lei Maior foram dizimados.

Os sobreviventes procuraram outras regiões para se refugiar. Houve reestruturação da civilização e o continente ficou bem menor, restringindo-se à Ilha de Poseidonis. Havia uma linda arquitetura bem planejada. Era uma nova aurora para o que restava de Atlantis.

Em Atlantis do Sul havia um grande templo central no topo de uma montanha, de onde era possível avistar quase toda a região em redor e os demais templos, exceto um: o Templo Zygur, auxiliar direto do Grande Templo. Zygur é o templo onde se desenrola a maior parte de nossa história.

O Templo Zygur era simples, mas belo, com frondosa vegetação, e emanava uma energia muito sutil. Próximo dele corria um riacho de águas cristalinas, onde era possível ver, sob suas águas, uma grande variedade de cristais belíssimos e reluzentes. Quem se sentava à beira desse riacho ficava em êxtase e paz.

O terceiro dia de Lua cheia era propício para consagrar os cristais retirados do rio com todo respeito à natureza. Outros instrumentos mágicos também eram consagrados nesse dia, além de leitura dos oráculos. Era a noite destinada ao aprimoramento da intuição e da clarividência.

A comunidade vivia em torno dos templos, onde os dons pretéritos ainda se faziam presentes entre vários sacerdotes e sacerdotisas, aqueles que mantiveram seus dons de clarividência, intuição e telepatia, bem como seu irrepreensível caráter.

Quando de seu nascimento, seguindo a tradição milenar atlante, as crianças eram avaliadas pelos sacerdotes e sacerdotisas, que vinham visitá-las ao nascer e faziam previsões sobre qual templo elas frequentariam, mediante as habilidades que elas apresentavam, para sua evolução e participação na sociedade.

Os egípcios tinham um sistema similar. A essência da educação no antigo Egito valorizava a importância de aprender mais sobre as tendências naturais das pessoas para mostrar-lhes como é possível ser bom, criativo, respeitar a si mesmo e alcançar a autorrealização. Todas as crianças que completavam cinco anos eram testadas nos templos, a fim de se conduzir seus destinos de acordo com suas inclinações naturais.

Fora dos templos e das comunidades em redor, a sociedade atlante continuava a se corromper, algo que levaria ao cataclisma final, que iria submergir definitivamente o que ainda restava de Atlantis.

Naquela região do planeta, o clima era sempre assim: dias claros e ensolarados e temperatura amena.

Nas noites em que o imenso disco lunar estava visível, o céu apresentava uma coloração azul de tonalidade indescritível. Sob o influxo dos raios lunares, o mar adquiria um tom prateado e era possível observar o reflexo da Grande Deusa, a Eterna Virgem-Mãe. No Grande Templo, havia um pórtico encimado pelo símbolo do Deus-Pai, consorte da Grande Mãe. As suas paredes eram adornadas com muitos sinais sagrados gravados com filetes de oricalco[32].

Akayala, a Grande Sacerdotisa, uma mulher muito sábia, belíssima e extremamente bondosa, segurando seu cajado (caduceu) com as três serpentes de olhos flamejantes, falava aos seus discípulos sobre um novo futuro sombrio para aquela terra sagrada, que, já profanada pelos homens de má índole e com interesses escusos, vivia seus últimos tempos antes do grande desastre final.

A Grande Sacerdotisa era originária do Templo Zygur, onde vivia. Comparecia ao Grande Templo quando havia alguma celebração especial ou iniciações e quando era necessário orientar os sacerdotes e sacerdotisas de outros templos sobre as determinações do Astral Superior.

O fato de Akayala ser a sacerdotisa, através da qual a Grande Deusa se manifestava, não a tornava diferente das outras pessoas.

[32] Metal amarelo e dúctil, semelhante ao ouro, muito utilizado pelos atlantes, citado em *Crítias*, um dos últimos diálogos de Platão. De acordo com Crítias, o oricalco era considerado muito valioso, depois apenas do ouro. Os gregos o denominaram, umas vezes, de o cobre puro; outras, de latão (cobre e zinco); e outras, o bronze (cobre e estanho).

Akayala.
Arte de Rosa Teubl.
Acervo do autor.

Procurava compartilhar seus conhecimentos com todos, por isso, elaborou um inteligente sistema que possibilitava a todas as mulheres desenvolverem plenamente suas capacidades, a fim de que o poder de cada uma pelo menos se aproximasse do dela. Dessa forma, poderia ser substituída quando necessário, além de sempre ter com quem contar para somar suas forças e dividir suas tarefas.

As Sacerdotisas Lunares eram as mulheres mais velhas e sábias do templo. Detinham a sabedoria dos nossos ancestrais acerca da Lei Universal do Amor e também acumulavam os conhecimentos sobre as leis da natureza e suas transformações, ou seja, a magia. Embora já não possuíssem mais a capacidade de gerar outro ser por terem saído do período fértil, conseguiam direcionar e potencializar toda aquela energia criadora, concentrando-a na mente. Eram realmente poderosas e sábias. Cabia a elas a manutenção da higidez física e hiper física do planeta, neutralizando as correntes de agressividade

> provenientes dos filhos de Ares, o deus-homem, o deus-guerreiro e sanguinário. Nesta fase em que as mulheres são estéreis, tal qual a lua, adquirem a capacidade e o poder que não é mais o de gerar, mas sim, o de manter a vida.[33]

As sacerdotisas do Grande Templo comandavam os rituais que alimentavam a energia do templo. Em cada Lua, elas faziam amor com sacerdotes preparados para essa sagrada tarefa. Para os sacerdotes e sacerdotisas, o sexo era algo sagrado e ia muito além do prazer carnal natural do ser humano. A energia do Grande Templo era emanada para os demais templos da região.

Nos rituais do hieros gamos[34], o casamento sagrado ou alquímico do feminino com o masculino, sacerdotes e sacerdotisas usavam o ato sexual como forma de reverenciar a Deusa do Amor e, assim, atrair sua simpatia e auxílio ao seu povo.

Zygur era um templo claro, belíssimo e propositalmente localizado longe dos olhares de outros templos da região, inclusive do Grande Templo. Possuía belos jardins e uma fabulosa energia sutil permeava todos os recintos da construção, revestida de belos e vibrantes cristais, que funcionavam como antenas, captando copiosamente a energia cósmica, que era emanada diretamente para o Grande Templo.

As meninas viviam em um local separado para elas até a primeira menstruação, o Pequeno Templo das Virgens, quando então passavam a conviver com a comunidade do templo. Uma delas era observada de perto por Akayala desde o seu nascimento no Templo Zygur e foi escolhida pelas sacerdotisas para ser consagrada, no futuro, como a Sacerdotisa do Último Grande Sacrifício. Seu nome era Selene, nome relativo à Lua, que seria sua companheira inseparável.

---

[33] YTÇALA-DAYASHA. *Uma sacerdotisa atlante no templo de Cristal*. Texto, 2000.

[34] Termo atribuído ao ritual sexual que representava um consórcio matrimonial entre um deus e uma deusa. Nas antigas sociedades, principalmente no Oriente Médio, o casal praticava o ritual como meio de garantir a fertilidade da terra e incorporar os poderes divinos da prosperidade. A mulher escolhida e que representava a deusa tinha o útero fértil, sua paixão e sua natureza erótica. Essa união assegurava a fertilidade e o bem-estar da terra e do povo. Era a união do masculino e do feminino, do espiritual e do físico – transcendia-se o pessoal e penetrava-se o divino. QUALLS-CORBETT, Nancy. *A prostituta sagrada*: a face eterna do feminino. 5. ed. Rio de Janeiro: Paulus, 2005.

Selene sabia que era diferente das outras meninas. Parecia mais velha, embora de pequena estatura. Tinha a pele acobreada e cabelos claros e ondulados. Não era muito bonita, mas seu poder energético transbordava pelos seus olhos castanhos flamejantes e chamava a atenção das pessoas. Gostava de usar lindas pulseiras cravejadas com belíssimos cristais.

Um dia, Selene estava no belo jardim de Zygur, onde trepadeiras de jasmim ornavam e impregnavam de suave aroma o ambiente, e Akayala foi conversar com ela. A Grande Sacerdotisa, ao fitar seus olhos, viu algo que a surpreendeu. Os seus dons espirituais afloravam mais rapidamente do que o esperado. A partir daquele momento, começou a ser instruída em todos os conhecimentos que, a princípio, pertenciam a cada segmento específico. Selene, com sua grande determinação, passou a visitar outros templos e a verificar como tudo ocorria neles. Em Zygur, costumava ficar atrás de uma coluna do templo, onde não era possível ser vista, observando atentamente o que se passava.

Sua curiosidade e vontade de aprender eram intensas. Claro que Akayala sabia disso, mas nunca se incomodou com o fato, pois Selene sempre respeitou rigorosamente as regras do templo. Tinha, em particular, um grande carinho pelo Templo Nakhla, que se localizava em um declive nas encostas da montanha. Nesse templo, em suas meditações, ela conseguia se recordar dos áureos templos de Órion.

Em suas visitas aos outros templos, conseguia ler e ouvir a mente das pessoas. Logo se tornou a assistente direta de Akayala. Rapidamente, aprendeu a arte oracular, tonando-se a pitonisa principal do Templo Zygur.

Participava de alguns rituais lunares e percebia a energia sutil emanada. Um dia, recebeu uma notícia de Akayala que a deixou muito feliz e apreensiva. Seria apresentada, pela primeira vez, no Grande Templo.

Em uma noite de Lua cheia foi levada, pela Grande Sacerdotisa, à presença dos sacerdotes e das sacerdotisas do Grande Templo, onde foi recebida com júbilo e alegria. O odor suave do incenso impregnava o ambiente, propiciando paz e serenidade. Sua túnica azulada, com sinais prateados, brilhava intensamente, assim como a sua aura. Essa noite ficaria marcada, de forma indelével, em sua alma para sempre. Sentia agora que havia sido escolhida para uma grande tarefa e estava determinada a cumpri-la.

Ainda menina, passou a acompanhar os sacerdotes e sacerdotisas que cuidavam dos povoados. Era muito dedicada e passou a ser muito querida pelo povo e eles sabiam que ela sempre cuidaria deles e os protegeria com amor incondicional. Cedo ela entendeu que a sacerdotisa é aquela que é preparada para ter a ciência de uma deusa que existe em seu interior. Ajudar os seres humanos a descobrir e a equilibrar as suas energias. A sacerdotisa tem a magia do sorriso, do olhar e da voz.

O beijo da sacerdotisa, quando bem direcionado, faz subir a energia vibracional do sacerdote, que se fixa totalmente na região frontal. Ele é um dos meios utilizados para fechar todo um circuito, intensificando a sincronicidade entre o sacerdote e a sacerdotisa, potencializando o magnetismo pessoal no frontal, produzindo uma energia gigantesca, onde o corpo de ambos resplandece e emana uma energia intensa, cuja utilização era programada em suas mentes.

A união do sacerdote e da sacerdotisa tinha a finalidade de ativar a energia por um bem maior e, como a sacerdotisa tem o poder de gerar a vida, ela torna-se, assim, o princípio gerador e potencializador da energia do sacerdote.

Em Atlantis do Sul, tanto as sacerdotisas quanto os sacerdotes tinham esse preparo e exerciam suas sagradas funções com muito conhecimento e responsabilidade.

Os sacerdotes e as sacerdotisas tinham a função de manter em equilíbrio a energia e evitar que determinados males atingissem o povo e a eles mesmos. Estudavam e aprendiam sobre as questões das forças da natureza, cristais, engenharia genética, energia sideral, telepatia e clarividência. Devido ao seu conhecimento, sabiam fazer doações e expansões energéticas, a partir de seus corpos. Como estavam em um meio muito denso, precisavam de uma energia propulsora para essa canalização e a encontraram a partir da energia sexual, o que foi aprendido pelos sacerdotes e sacerdotisas e usado naturalmente: "O desejo e a resposta sexual, vivenciados como poder regenerativo, eram tidos como dádiva divina".[35]

Quando havia uma ligação do emocional, ou seja, relação das almas no corpo e fora dele (almas afins), significava que os terminais energéticos corpóreos se conectavam em sua totalidade. Era algo que amplificava o campo energético de tal maneira que tudo brilhava ao seu redor. No entanto, isso era raro, apenas com poucos. Quando acontecia esse estado de plenitude entre um sacerdote e uma sacerdotisa, eles eram chamados para rituais em ocasiões muito especiais e específicas.

> Os pares de Espíritos que tiveram muitos encontros encarnativos, desde o início dos tempos, tornam-se cada vez mais íntimos, propiciando um intercâmbio de afinidades e trabalhos com esforço e dedicação na causa comum do bem e, pelo amor incondicional desenvolvido entre eles, tornam-se almas afins.[36]

A cada Lua e no terceiro dia, eles se purificavam com banhos de ervas, porque o odor era muito importante, pois estimulava a libido, a mente e os terminais sensitivos.

Uma túnica de cor específica era usada para determinado ritual, por se constituir em um sinal de seu objetivo energético, o qual ocorria em determinada câmara em função do tipo de energia necessária que seria movimentada e sua intensidade.

O altar era de pedra lisa, para que, quando os sêmens fossem expelidos, após o orgasmo sagrado (o sacrifício era realizado dessa forma, pois o fluido vital era direcionado física e astralmente para a Grande Mãe Terra), fossem captados sem constrangimento e sem quebra do ritual. Era uma doação de corpo e alma, em perfeita harmonia, doada à terra para criar e movimentar a vida. O casal de sacerdotes ali permanecia até passar o momento de enlevo.

Homem e mulher, em louvor, agradeciam e ofereciam sua união, consagrada pelo amor, à Grande Deusa e ao privilégio do reencontro atemporal.

Com o passar do tempo, muitos sacerdotes tornaram-se agentes do mal e perderam o domínio de suas faculdades psíquicas e espirituais. A partir daí, achavam que, se fizessem

[35] YTÇALA-DAYASHA. *Uma sacerdotisa atlante no templo de Cristal*. Texto, 2000.
[36] Adaptado de: ARMOND, Edgard. *Almas afins*. 5. ed. São Paulo: Aliança, 2019.

sacrifícios de animais, algo considerado um ato de horror, teriam a graça da reconquista e da conquista.

Matar para agradar aos deuses era algo inaceitável, pois estes não precisam desse tipo de energia densa. Aqueles que trabalham em prol do bem maior somente se utilizam da energia sutil, contrapondo-se aos que agem em sentido contrário.

As sombras naturais de cada ser embebido em seu antro egoico tornaram-se mais intensas, assim como a sede de posse e poder. Como consequência do declínio da sua espiritualidade, foram perdendo os dons elevados, como a telepatia e o conhecimento do uso da energia kundalínica.

Em determinado momento, com o passar das luas, Selene sentiu Akayala triste. Na verdade, Selene também estava triste por sentir e ver a movimentação das sombras agindo sobre muitos membros da sociedade. A sombra estava ganhando força e ela viu muitos sucumbirem ao ego, ao materialismo e à sede de poder. A história se repetia em Atlantis. A primeira onda foi a quebra da estrutura sacerdotal. Um sacerdote queria ter o poder e, devido a uma discussão com outros membros que dele discordavam, foi-se embora.

Ele e um séquito de dissidentes, que pensavam como ele, foram para um templo abandonado nas montanhas. Selene chegou a ir a esse templo para ver o que lá se passava. Tinha luz natural, mas era sombrio, de energia densa, úmido, muito triste.

Selene começou a ver a displicência, a forma totalmente irresponsável com o uso dos cristais, canalizando energia cósmica, a qual não conseguiam controlar, sendo isso, no futuro, um dos motivos do derradeiro cataclisma.

O Grande Sacerdote Rikal estava próximo dos 100 anos de idade, porém, com a vitalidade de um jovem. Tinha cabelos longos e barbas brancas.

Na encarnação anterior, havia sido um grande e hábil guerreiro, mas, em dado momento, teve sede de poder e cuidar somente de seu povoado não mais era suficiente e se perdeu. Porém, nessa encarnação, foram-lhe dadas condições propícias e ele as aproveitou e redimiu-se de todos os defeitos, principalmente do egoísmo, que haviam comprometido, em parte, aquela encarnação.

Desde os 95 anos, havia se recolhido em uma cabana na floresta, perto de Zygur, em um pequeno bosque de pujantes pinheiros. Diariamente, uma sacerdotisa vinha lhe trazer os alimentos necessários à sua sobrevivência. A água que ele bebia era proveniente de um riacho cristalino, próximo de sua cabana, no qual ele se banhava todos os dias aos primeiros raios do Sol. Sua companhia era uma linda gata preta, de olhos verdes faiscantes, a que ele chamava de Safira, sua fiel companheira.

No terceiro dia da Lua cheia, ele recebia a visita de uma sacerdotisa para movimentar a energia através da magia do sexo sagrado. Quando estava com 99 anos, recebeu a visita de Akayala, que veio lhe comunicar que a menina escolhida, agora com 14 anos, estava pronta para o Grande Sacrifício Sagrado. A partir daí, Rikal ficou um ano sem atividade sexual e só se alimentava de vegetais, mel e da água cristalina do riacho. Jejuava uma vez por semana e cada vez mais se conectava com os mestres astrais.

Naquela época, ainda vários sacerdotes e sacerdotisas escolhidos se conectavam diretamente com os mestres astrais, pois, para eles, não havia dissociação e distanciamento entre os dois planos. Porém, para os demais não havia mais essa conexão, a não ser que fosse permitido, de forma mediúnica, a pouco eleitos também, sempre destacados por seu valor e caráter.

Depois de um ano de preparativos, Selene estava ansiosa e muito feliz, pois o grande dia estava chegando. Seria a primeira vez que ela veria o Grande Sacerdote. A comunidade estava em festa, pois todos sabiam da importância daquele evento, que ocorreria no terceiro dia da Lua cheia, a Lua do Mago. A movimentação dos sacerdotes e das sacerdotisas era intensa, assim como de toda a comunidade. Um grande banquete foi preparado para comemorar o evento no primeiro dia da Lua cheia. No segundo dia, os sacerdotes e sacerdotisas deveriam ingerir apenas vegetais, mel e água e, no terceiro dia da Lua cheia, todos deveriam jejuar e se abster de atividade sexual, como também meditar e pedir aos mestres astrais pelo sucesso do Grande Sacrifício Sagrado.

O grande dia chegou com o Sol brilhando intensamente.

Uma tenda branca foi preparada em uma clareira na floresta, aberta pelos homens jovens iniciados. Somente as sacerdotisas podiam entrar na tenda. Elas prepararam a cama nupcial, com pétalas de flores e ervas sagradas, que foi depois coberta com um fino tecido de linho branco. Durante todo o dia, um aromático incenso de resinas foi queimado no interior da tenda. Dois lindos vasos com rosas vermelhas, girassóis e lírios brancos adornavam cada lado do leito nupcial.

No início da noite, Akayala foi preparar o Grande Sacerdote Rikal para o ritual nupcial. Preparou-lhe um banho lustral com ervas e flores, que ficou iluminado por uma hora junto ao pequenino altar da cabana. Safira não se afastava um segundo de Rikal, pois pressentia tudo o que iria acontecer.

Após o banho, a Grande Sacerdotisa vestiu Rikal com uma rica roupa lilás, confeccionada especialmente para esse ritual, bordada com sinais sagrados solares e um girassol, a flor favorita do Grande Sacerdote. Serviu a última refeição a Rikal: um pedaço de pão sem fermentação, mel e água. Uma hora antes do ritual, Rikal e a Grande Sacerdotisa entraram em meditação profunda – com Safira entre eles. O suave aroma do incenso, que queimava na cabana, invadia a floresta.

Também, no início da noite, Selene foi preparada por sete sacerdotisas. Seu corpo seria preparado para se tornar o altar sagrado para o culto à deusa. Um banho com pétalas de rosas e um suave perfume foi preparado por elas. Após o banho, foi vestida com uma linda túnica branca de seda, bordada com prateados sinais sagrados lunares. Após uma leve refeição com mel, água e frutas silvestres, foi acompanhada pelas sacerdotisas em sua meditação, quando teve seus primeiros contatos diretos com os mestres astrais.

A tenda nupcial, inviolável, era protegida tenazmente por quatro fortes guardiões de pele bronzeada, armados com espadas e lanças. Sete guardiões astrais estavam atentos a qualquer tentativa de interferência dos seres das trevas.

Quando a Lua cheia já brilhava intensamente no céu, as sacerdotisas trouxeram Selene e a deitaram no leito nupcial. Em breve chegava Akayala com seu cajado, com os olhos das serpentes brilhando intensamente. Com ela chegou Rikal, que foi por ela introduzido na tenda e se deitou ao lado de Selene, que aguardava serenamente aquele momento mágico.

Safira acompanhou Rikal e se postou à entrada da tenda, entre os guardiões. Akayala e as demais sacerdotisas se retiraram e fecharam a tenda. A partir daquele instante, até o raiar do Sol, ninguém podia falar e deviam se manter em constante meditação.

A mulher é positiva e precisa tomar a iniciativa. Selene iria usar o seu direito ancestral para chamar Rikal para o acasalamento, o casamento alquímico, em nome da Lua. E assim aconteceu, puxando delicadamente o Grande Sacerdote para o primeiro abraço e o primeiro beijo. Naquele instante, uma luz dourada invadiu a tenda e Selene não via mais o Grande Sacerdote como um ancião e, sim, como um jovem belo e forte. A paixão, o desejo sagrado e o amor grandioso tomaram conta de seus corações e a energia tornou-se tão intensa que fez as ondas do mar se agitarem e os pássaros noturnos emitirem sons melodiosos. Parecia que o tempo tinha parado e relembravam belas vivências e o amor de outras encarnações, as almas se reencontrando novamente.

No meio da madrugada, o grande sacrifício foi consumado com o sagrado orgasmo cósmico. Quando o sêmen de Rikal se misturou com o sangue virginal de Selene, a terra foi fecundada e pequenos tremores sísmicos foram sentidos por todos os locais próximos. No ventre de Selene iniciava-se uma nova vida. Havia acabado de encarnar o último grande sacerdote de Atlantis do Sul.

> Ó Lua, envolvida em meu doce abraço,
> Seja tão forte quanto eu, tão linda face,
> Ó Sol, a mais brilhante de todas as luzes conhecidas pelo homem,
> E ainda assim você precisa de mim, como o galo da galinha.[37]

[37] Rosarium Philosophorun. Texto da obra *De Alchimia Opuscula complura veterum philosophorum*. Frankfurt, Alemanha, 1550.

Casamento alquímico – A concepção.
Rosarium Philosophorum, 1550.

Fazemos aqui uma pausa para o seguinte comentário: "Não devemos olhar para o passado com os olhos do presente".

À luz da realidade do presente, o que aqui foi narrado pode ferir as mentes mais susceptíveis, principalmente aquelas que ainda estão presas aos antigos dogmas da Igreja Romana.

Para alguns, isso pode representar um ato pedófilo, pois Selene tinha "apenas" 14 anos; porém, era natural naquela época e ninguém ali pensaria em algo doentio com esse casamento alquímico. Selene não era mais uma criança, como pode parecer. Como fora preparada para esse encontro, ela tinha plena consciência daquela tarefa, daquele casamento sagrado, divino, o casamento alquímico.

Fora daquela região, a maioria dos templos tinha caráter patriarcal e as sacerdotisas haviam sido banidas ou relegadas a tarefas secundárias. De modo geral, as mulheres passaram a ser apenas objetos de prazer e reprodução.

Logo após os primeiros raios de Sol, a Grande Sacerdotisa veio buscar Rikal, que beijou docemente Selene e se retirou para a cabana junto com Safira. Selene sabia que aquela fora a última vez que o tinha visto até uma futura encarnação, mas seu coração transbordava de amor por aquele que ela agora sabia que era uma alma afim desde os tempos vividos na constelação de Órion.

Ao mesmo tempo, sentia um misto de sensações: alegria, pois sabia que abrigava em seu útero o último Grande Sacerdote do Grande Templo, e certa perda, porque não veria mais seu amor nesta encarnação. Tinha em seu íntimo a certeza e a gratidão do reencontro e da despedida. Agradeceu à Grande Mãe pela honra e confiança em gerar o belo menino e a visão e a certeza de que veria Rikal em outros planos.

Foi cuidada pelas sete sacerdotisas, que a levaram até os seus aposentos no Grande Templo.

A Grande Sacerdotisa deitou-se ao lado de Rikal na cabana, sempre com a companhia de Safira. Ela sabia que era a última noite que passaria com ele. Pela manhã, quando acordou, Rikal já havia desencarnado e se comunicou com ela, dizendo que estava bem e pedindo para que cuidasse pessoalmente de Selene. Safira também se fora, acompanhando Rikal.

Após nove meses, nasceu Urhammu, filho de Selene e Rikal, que seria o último Grande Sacerdote do Grande Templo. Aos 18 anos, Selene tornou-se a Grande Sacerdotisa do Segredo Noturno, a Senhora da Lua Cheia. Exerceu, com maestria, o sacerdócio, pois, além de seus dons naturais, foi preparada com esmero pelas sacerdotisas, sob a supervisão direta de Akayala. Nunca se descuidou de sua missão de cuidar dos povoados e seus habitantes.

Após 25 anos do grande evento, Akayala percebeu que a destruição estava cada vez mais próxima. Chamou Selene e pediu para ela avisar à comunidade da região que, em pouco tempo, ocorreria a grande catástrofe final. Os abalos sísmicos já se faziam sentir em toda a Ilha de Poseidonis. Quem quisesse, poderia acompanhar a Grande Sacerdotisa, que iria em busca de novas terras para dar continuidade à tarefa que ela e sua família de Órion haviam se comprometido a cumprir para ajudar a humanidade terrestre.

Os que acreditaram nas palavras de Selene se juntaram a elas, migrando para outros *loci* terrestres. Havia tempo apenas para salvar o mais importante: alguns cristais e objetos ritualísticos e antigos manuscritos. Por questão de mobilidade, pois iriam caminhar, todos carregavam apenas uma muda de roupa e alguns alimentos para os primeiros dias da longa peregrinação. Todos levavam, a tiracolo, um recipiente de couro[38] com água. Além disso, Akayala, Selene e alguns sacerdotes levavam em suas bolsas de linho vários manuscritos, que continham o essencial do conhecimento dos antigos atlantes.

Um objeto ritualístico foi também levado por Akayala: o seu cajado, o caduceu. Além de servir de apoio na longa caminhada, era um importante instrumento magístico. Em suas manifestações como pombagira no terreiro de umbanda, não prescinde de seu cajado. Algumas vezes, explicou que, como andarilhas, ela e suas companheiras eram assediadas e atacadas por machos predadores. Nessas ocasiões, o cajado servia também como arma de defesa, pois elas conheciam as artes de defesa pessoal.

Vinte anos antes, um grande barco partira rumo ao Ocidente, com uma parte da grande biblioteca do mais importante Templo Solar do Norte, onde a corrupção e a deturpação das Leis Maiores não teve guarida. A origem desse templo remontava ao tempo áureo do grande continente de Atlantis. Esse material foi fundamental para o desenvolvimento material e espiritual da emergente civilização ocidental:

> As tradições religiosas da Atlântida foram perpetradas na pré-história pela Fraternidade Kobda e concorreram a produzir as civilizações formadas pelos povos: sumérios, acádios, egípcios, sardos, samoiedos, dáctilos e outros que habitaram o sul da Europa, norte da África, Ásia Menor e toda a bacia da Mesopotâmia.[39]

Conforme João Nunes Maia (Miramez)[40]:

> Em Alexandria existia uma escola iniciática cujos fundamentos eram altamente espirituais. Os fundadores daquela fraternidade eram homens de fina linhagem [...] movidos pelos mais puros sentimentos de amor. A fraternidade Kobda estava localizada na região do Egito e da Mesopotâmia; através da notável personalidade de Filon de Alexandria,

[38] Odre.
[39] ARMOND, Edgard. *Almas afins*. 5. ed. São Paulo: Aliança, 2019.
[40] MIRAMEZ (Espírito). *Maria de Nazaré*. [Psicografado por] João Nunes Maia. Belo Horizonte: Fonte Viva, 2014.

essa escola pôde dar uma amostra da sua sensibilidade divina.

De acordo com Fabre d'Olivet[41], "não nos devemos esquecer que o Egito foi o último país que permaneceu sob o domínio dos atlantes e, portanto, sempre conservou a lembrança desses povos".

Duas semanas antes de Akayala e sua comitiva partirem, desse mesmo templo do Norte uma enorme embarcação zarpou rumo ao país de Kem, o Egito, levando a maior parte de sua biblioteca que serviria de suporte àquele país que seria, em poucos milênios, um grande repositório de conhecimentos materiais e espirituais.

Para os antigos egípcios, os primeiros seres eram quatro casais e foram criados em Etelenty (Atlantis). São eles:

Kek e Keket: primeiro casal, os mais velhos de Etelenty. Seus nomes significam escuridão – descendência raça negra.

Heh e Hehet: segundo casal. Sua criação deu-se de madrugada – descendência raça asiática.

Nun e Nunit: antepassados dos europeus; nasceram ao meio-dia.

Emen e Emenet: antepassados dos egípcios; nasceram quando o Sol se levantou.

> Dentre os espíritos degredados na Terra, os que constituíram a civilização egípcia foram os que mais se destacavam na prática do bem e no culto da Verdade.
>
> Aliás, importa considerar que eram eles os que menos débitos possuíam perante o tribunal da Justiça Divina. Em razão dos seus elevados patrimônios morais, guardaram no íntimo uma lembrança mais viva das experiências de sua pátria distante.
>
> Os egípcios traziam consigo uma ciência que a evolução da época não comportava. Aqueles grandes mestres da antiguidade foram, então, compelidos a recolher o acervo de suas tradições e de suas lembranças no ambiente dos templos.[42]

[41] D'OLIVET, Antoine Fabre. *História filosófica do gênero humano*. São Paulo: Ícone, 2006.

[42] EMMANUEL (Espírito). *A caminho da luz*: história da civilização à luz do espiritismo. [Psicografado por] Francisco Cândido Xavier. 18. ed. Rio de Janeiro:

O Príncipe Solar e altos sacerdotes viajaram na nave para garantir que esses importantes manuscritos não caíssem em mãos dos seres das trevas encarnados. Valorosos guerreiros faziam parte da comitiva.

Essa possante e gigantesca embarcação ou nave de cobre, verdadeira obra de alta tecnologia, estava escondida em uma gruta há milênios. Sua tecnologia era algo inimaginável para as civilizações futuras até a construção dos primeiros submarinos atômicos. Era movida por uma energia denominada Marmash, obtida por meio da transmutação de metais alquímicos que criavam uma gigantesca quantidade de energia – algo similar à energia nuclear da atualidade. Esse conhecimento, infelizmente, foi perdido nas longas noites do tempo.[43]

Para se prevenirem dos efeitos de outro possível cataclisma, muitos sacerdotes e sacerdotisas, que seguiram Akayala, se separaram e seguiram em direções diferentes e criaram povoados ou se inseriram em outras comunidades em diferentes regiões do planeta. Nessa época, muitas de suas habilidades já haviam sido perdidas, por conta de prezarem pelo material em detrimento do espiritual; porém, seus conhecimentos em muito contribuíram para a evolução dessas comunidades.

Os atlantes foram colocados à prova. E falharam! Assim como a maioria da humanidade, em várias épocas e também hoje. Conforme cita Miranda[44]:

> Observemos o que sucedeu às civilizações do passado, cuja glória se transformou em memórias vagas, e suas grandiosas construções ruíram e hoje servem de amparo a serpentes e aracnídeos perigosos, ou foram arrastadas pelas águas oceânicas à sua profundeza.

Os seres humanos, independentemente de sua descendência e origem, se esquecem da Lei Maior: a Lei de Causa e Efeito.

Akayala e Selene, antes de iniciarem sua jornada, conversaram com Urhammu sobre os eventos futuros e perguntaram

Federação Espírita Brasileira, 1991.

[43] Para mais detalhes, vide: LIVRAGA, Jorge Angel. *Ankor, o discípulo*: a aventura de um jovem príncipe nos mistérios de Atlântida. Taguatinga: Nova Acrópole, 2007.

[44] MIRANDA, Manoel Philomeno de (Espírito). *No rumo do mundo de regeneração*. [Psicografado por] Divaldo Franco. Salvador: Livraria Espírita Alvorada, 2020.

se ele não desejava ir com elas, mas ele lhes disse que era sua função auxiliar o povo, que não acreditava no desastre final, nessa passagem e, por isso, ficaria. Elas compreenderam. Akayala olhou para ele pela última vez e mentalmente lhe disse: "Até breve, meu amor". Nesse momento, ele a reconhece e compreende o amor que sempre sentiu por ela. Selene os ouve e, de forma extremamente discreta, seca uma lágrima que escorre pelo seu rosto por saber quão grande era o sacrifício, o desprendimento e o amor que ali presenciava.

Urhammu, corajoso e altruísta, permanece até o fim com aqueles que optaram em ficar e sucumbir naquela região de Atlantis, preparando-os para seus últimos momentos e acalentando-os e conduzindo-os em sua nova caminhada espiritual.

Fisicamente, nada mais restava de Atlantis. Milhares de pessoas foram tragadas pelo mar e pelas fendas abertas na terra. Grande quantidade de pedaços de rochas incandescentes atingia seus corpos. Foi incansável a tarefa dos trabalhadores espirituais para recolher e confortar essas almas perturbadas após o desencarne violento e aterrador.

Ilustração de um dos cataclismas em Atlantis.
Disponível em: <https://www.cinconoticias.com/datos-curiosos-atlantida-la-ciudad-perdida>.

Fabre d'Olivet[45] assim nos fala sobre o final da pequena Atlantis:

[45] D'OLIVET, Antoine Fabre. *História filosófica do gênero humano*. São Paulo: Ícone, 2006.

A narração mais autêntica que temos sobre o desastre da Atlântida nos foi conservada por Platão, em seu diálogo Timeus, a atribuir a um sacerdote egípcio que a contou para Sólon em Saís. Esse sacerdote conta que a catástrofe ocorreu há mais de nove mil anos, dando, para nós, uma antiguidade de aproximadamente onze mil e quatrocentos anos.

Selene acompanhou, juntamente com centenas de pessoas da comunidade, a Grande Sacerdotisa. Após uma longa e árida viagem por várias terras, encontraram um local para se estabelecerem em meio a uma nova comunidade e recomeçarem uma nova jornada terrena. Ali viveram até idade avançada. Antes de desencarnar, Akayala enterrou seu cajado em um lindo bosque. Nas encarnações posteriores, utilizava um cajado de madeira rústica, porém com as mesmas propriedades e energia astral daquele que fora enterrado.

Depois de algumas encarnações, Akayala, Rikal, Urhammu e Selene se reencontraram no sul da Mesopotâmia.

Quanto a Urhammu[46] e Rikal, tiveram várias paragens antes de encarnarem na Caldeia. Foram e são almas em serviço do Pai Maior, almas afins, realizando seus trabalhos em Terra, com a finalidade de ajudar cada filho humano em sua caminhada rumo a melhores estados vibracionais e transmitir a esperança e a fé. Juntos em carne, apreenderam as artes da cura e da medicina vibracional com os mestres caldeus e – carregando o caduceu da iniciação – viajaram por terras longínquas, ampliando suas habilidades e, posteriormente, amparando os mais necessitados, oferecendo seus unguentos e suas beberagens preparadas com as plantas medicinais das regiões por onde estiveram. Aprenderam que a verdadeira cura se faz através da cura da alma e do espírito. Caridade médica foi o grande desafio deles nesses tempos antigos.

Urhammu retornou ao Astral Terrestre, onde, até hoje, continua trabalhando em prol do crescimento do ser humano. A sua humildade, acompanhada de bondade e sabedoria, não tem limite. Atualmente, acompanha astralmente, como preto velho, a Rikal, que é sacerdote de umbanda.

Após algumas encarnações, Rikal tornou-se o segundo

[46] Conhecido entre os caldeus por Asu Mirendo Mer.

rei da Babilônia, algo que lhe traria sérios abalos cármicos por conta de vários desmandos, como devastar povoados e santuários. O mais poderoso rei da Babilônia conquistou Jerusalém e levou muitos prisioneiros para a Babilônia, inclusive vários membros da nobreza israelita, como o profeta Daniel, que foi um dos escolhidos para trabalhar com o rei. No final de sua vida, foi acometido por uma doença mental. Sobreviveu à loucura e desencarnou aos 74 anos de idade.

Rikal fez a escolha de continuar encarnado, fato que foi recebido com grande júbilo por sua família sideral. Ao permanecer encarnado, tornou-se o elo de ligação, na Terra, o ponto-âncora, para as ações e missões em Terra com a sua família de Órion, que estava e continua no Astral Terrestre. Ao longo dos séculos, fez muitas coisas boas e outras não tão boas. Nos últimos 600 anos, tem encarnado como padre da Igreja Católica de Roma. Ainda hoje resgata, na matéria, seu carma e auxilia as humanas criaturas como sacerdote umbandista. Uma excelente oportunidade do Astral para cicatrizar as feridas que ele mesmo criou.

Akayala e Selene, juntamente com outras companheiras, peregrinaram pelo deserto e vivenciaram outras encarnações no Oriente Médio. Akayala esteve entre os celtas e lutou em nome da deusa contra os romanos. Nesse mesmo período terreno, esteve em Alexandria, como estudante das ciências e da medicina, buscando impor o respeito ao feminino, simplesmente estando ali encarnada como mulher.

É uma anciã. Isso significa que, ao longo de suas encarnações, chegou a postos altos nas tribos e comunidades em que viveu. Uma anciã é a Mãe. É o sagrado feminino encarnado. A representação da Mãe Divina.

Foi a Mãe Anciã em tribos indígenas na América do Norte por duas vezes. Completou seu treinamento como curandeira suprema em uma tribo brasileira. Sua alma é andarilha. É por isso que ama tanto as comunidades ciganas e assim se identifica.

Foi a Mãe Anciã em três comunidades ciganas e também na sociedade árabe, dotada do dom da leitura na borra do café, a cafeomancia.

É a guerreira da deusa que se indignou com a situação do feminino na humanidade e abraçou a causa da cura e da recuperação do sagrado feminino, não apenas em almas encarnadas como mulheres, mas também em almas encarnadas como homens.

Ela traz o caduceu bem representado, porque está em missão de cura e recuperação do sagrado feminino.

Akayala, ao finalizar sua última encarnação na Terra, reencontra Urhammu no Astral, onde conversam e relembram sua jornada até aquele novo reencontro. Akayala, ao saber da missão à qual Urhammu se dedica, sente que é a oportunidade de trabalharem juntos por um bem maior novamente, no Astral Terreno, em benefício do povo que tanto amam e respeitam. Assim, une-se a ele em sua jornada, sentindo também imensa alegria e muito amor em poder retornar a trabalhar junto a Rikal. Agora, os dois juntos poderiam auxiliar Rikal em sua jornada desafiadora e árdua a que ele se propôs na Terra.

Akayala e Selene se manifestam como pombagiras no terreiro de Rikal, auxiliando os encarnados necessitados de ajuda material e espiritual. Estão em missão de cura, de resgate do sagrado feminino por meio do grande amor incondicional, que propicia o reencontro e o aprendizado do eu com o seu interior, que, ao se unirem, caminham em direção à evolução do ser almejada por todos os tempos.

Tendo em vista tudo isso, o terreiro de Rikal é a tentativa de replicar o Templo Atlante em seus aspectos astrais. O Grande Templo continua existindo no mundo etérico e tão real como se existisse no mundo material. O ritual de replicação do Templo Atlante ocorreu, com sucesso, comandado por Akayala, em maio de 2019, com grande alegria entre encarnados e desencarnados.

Ao longo da grande noite dos tempos, os sacerdotes desejaram ter o poder só para eles e eliminaram as sacerdotisas, tornando-as seres sem valor e, com o tempo, elas se esqueceram delas mesmas e as mulheres, em geral, tornaram-se meros objetos.

> Quando a Deusa foi banida, a paixão erótica, os prazeres íntimos e a linguagem do amor, inerentes

> à natureza humana, deixaram de existir como um aspecto da vida espiritual. Sem o feminino doador da vida, essencial também para o restabelecimento de sua unidade e equilíbrio, apenas atravessam a vida, sem vivê-la, procurando preencher os vazios do eu.[47]

Em tempos mais recentes, de forma gradual, as mulheres vêm se reconectando com a deusa que existe em cada uma delas. Então, as sacerdotisas atingiram, novamente, o mesmo nível dos sacerdotes. Esse resgate é uma das tarefas que as pombagiras, de fato e de direito, assumiram nos terreiros.

> Felizmente, o espírito, a alma ou a mente, como prefiram chamar, possui asas, é livre para alçar o voo das águias rumo ao Sol, mesmo quando criados como as galinhas. Por isso, a Grande Mãe, a Senhora das Mil Faces vive entre nós movendo-se através das gerações, de um alvorecer a outro, na sua longa jornada, de revelação em revelação. Chamaram-na Jaci, ou Yaci, o Princípio Espiritual Feminino, representado pela Lua; de Inana, a Poderosa Senhora da Suméria que sobreviveu em Ishtar na Babilônia; em Isis, a Abençoada Rainha do Céu, no Egito. Na África era Nanã Buluka, a Velha Senhora da Sabedoria. Como Cerridwen, entre os celtas, foi louvada a Deusa da Inteligência e do Conhecimento. No Oriente, Shing-Moo era adorada como a Mãe da Inteligência Perfeita, a Virgem que concebeu e pariu um Salvador. Gaia, Deméter, Sophia, Virgem Maria... Por muitos nomes a conhecemos. Vestida e travestida das mais variadas formas, aguarda o momento oportuno para manifestar-se, com todo o seu esplendor, sua amorosa presença entre nós, seres rudes e ainda semisselvagens caçadores – guerreiros do século XXI.[48]

E essa história continua... Até que um dia os membros da iluminada família estelar, após cumprir a tarefa assumida com o povo terrestre, possam se reencontrar na pátria sideral de Órion, continuando o seu eterno processo de evolução.

[47] YTÇALA-DAYASHA. *Uma sacerdotisa atlante no templo de Cristal.* São Paulo: Texto, 2000.

[48] YTÇALA-DAYASHA. *Uma sacerdotisa atlante no templo de Cristal.* São Paulo: Texto, 2000.

Sophia: o cântico da noiva

O termo 'Sophia' é originário do grego, que significa, literalmente, "a que detém a sabedoria". O nome é traduzido muitas vezes como a figura feminina para "O Verbo", significando 'Santidade', 'Sabedoria Divina', o 'Cristo Feminino' e também como o Espírito Santo.

Na tradição gnóstica, Sophia é uma figura feminina, análoga à alma humana e, concomitantemente, um dos aspectos femininos de Deus.

De acordo com Smoley[49]:

> Sophia significa "sabedoria", em grego, e Sophia é a hipóstase[50], ou personificação, da Sabedoria Divina. Na verdade, Sophia é simplesmente a palavra grega para "sabedoria"; o equivalente hebraico é *Hokhmah*, a segunda das dez *Sefirot* na Árvore Cabalística da Vida.
> Nossa percepção inicial de Sophia está no *Livro de Provérbios*, onde sabedoria e compreensão com frequência são equivalentes, como no versículo: "É muito melhor adquirir sabedoria que ouro! E mais precioso escolher a compreensão do que a prata". Com frequência, são consideradas abstrações, porém às vezes são personificadas (como mulheres, pois são substantivos gramaticalmente femininos).

A figura do casamento é usada, amiúde, nas Sagradas Escrituras, para representar a relação entre Deus e seu povo. No

[49] SMOLEY, Richard. *Gnosticismo, esoterismo e magia*. São Paulo: Madras, 2004.

[50] Hipóstase é um termo grego que pode se referir à natureza de algo ou a uma instância em particular daquela natureza.

Velho Testamento, Deus é o marido e o povo de Israel, a esposa. No Novo Testamento, Cristo é o noivo e a Igreja, a noiva.

> Fé (*Pistis*) e Sabedoria (*Sophia*) não estão mais isoladas, mas as duas tornam-se entrelaçadas com a Luz da Verdade na qual os mantos da Noiva e do Noivo se encontram, e os dois se manifestam juntos onde quer que as duas Mãos de Deus se ergam em Vitória.[51]

Que a noiva e o noivo agora se unam, à medida que levamos a noiva (a Sophia Superior), o nosso eu superior transformado, a interagir com o noivo (a alma) que estava perdido. Ao cantarmos o *Cântico da Noiva*, juntamo-nos à oração do século XVII[52], em que Sophia se dirige à alma com estas palavras:

> Ó meu nobre noivo (minha alma), meu vigor e minha força, tu és mil vezes bem-vindo a mim.
> Como pudeste esquecer-me por tanto tempo, ao ponto de eu, em grande aflição,
> Ter de chegar à tua porta e bater?
> Não clamei sempre a ti e a ti apelei?
> Mas viraste a tua face para longe de mim; e os teus ouvidos declinaram as minhas súplicas.
> Não pudeste ver a minha luz, pois caminhamos no vale escuro.
> Eu estava perto de ti e te implorava constantemente, mas os teus pecados me mantiveram cativa na morte, de modo que não me conheceste.
> Eu vim a ti em profunda humildade e te chamei, mas eras rico no poder da ira de Deus e não podias ver a minha humildade e inferioridade.
> Ó nobre noivo, mantém a tua face diante de mim e dá-me os teus raios de fogo.
> Conduz o teu desejo a mim e abrasa-me.
> Então, trarei os raios do meu amor, da minha docilidade, à tua essência ígnea, e para sempre estarei unida a ti.
> Ó meu noivo, que bom é para mim estar em união contigo.

[51] HURTAK, J.J.; HURTAK, Desiree. *Pistis Sophia*: a fé de sabedoria. Corumbataí: Academia para Ciência Futura, 1999.
[52] BOEHME, Jacob. *The way to Christ* (1622). Reeditado da edição de Bath, 1775. London: John M. Watkins, 1911.

Beija-me, então, com o teu desejo repleto de vigor e força.
Então te mostrarei toda a minha beleza e à tua vida de fogo trarei alegria, doce amor e luz brilhante.
Todos os santos anjos regozijam-se conosco, agora que nos veem unidos mais uma vez.
Agora, meu querido amigo, permanece fiel a mim.
Não volta a tua face novamente para longe de mim.
Opera os teus milagres no meu amor, para o qual Deus te criou e te deu forma.

Sophia, deusa da sabedoria.
Wikimedia Commons.

O hino de Ísis

A deusa Ísis.
Disponível em: <https://www.mygodpictures.com>.

No Antigo Egito, a deusa Ísis, esposa e irmã de Osíris e mãe de Hórus, é considerada a divindade egípcia da fertilidade, da maternidade, da cura, da magia e da família. É a deusa da natureza e das mulheres. É o símbolo da compaixão e uma das principais divindades da mitologia egípcia. Entretanto, seu culto disseminou-se também pelo mundo greco-romano.

> Ísis seria parte do panteão principal do mito da cidade de Heliópolis, formado por nove deuses. Segundo esse mito, essa divindade teria se casado com seu irmão, o deus Osíris, deus relacionado ao mundo dos mortos e à ideia de vida após a morte. Os dois formaram, segundo a crença egípcia, o primeiro casal real. Ísis também foi a mãe do deus Hórus, divindade relacionada ao poder dos faraós.[53]

[53] Disponível em: <http://museuegipcioerosacruz.org.br>.

Ísis, a Grande Senhora da Magia, é também conhecida como Sait, Ist, Iset, Aset ou Ueset.

O hino de Ísis

Porque eu sou a primeira e a última
Eu sou a venerada e a desprezada
Eu sou a prostituta e a santa
Eu sou a esposa e a virgem
Eu sou a mãe e a filha
Eu sou os braços de minha mãe
Eu sou a estéril, e numerosos são meus filhos
Eu sou a bem-casada e a solteira
Eu sou a que dá à luz e a que jamais procriou
Eu sou a esposa e o esposo
E foi meu homem quem me gerou em seu ventre
Eu sou a mãe do meu pai
Sou a irmã de meu marido
E ele é o meu filho rejeitado
Respeitem-me sempre
Porque eu sou a escandalosa e a discreta.[54]

Ísis com Osíris morto no colo.
Arte de Susan Seddon Boulet.
Disponível em: <http://www.artistsuk.co.uk>.

[54] Trata-se de um texto da Biblioteca de Nag Hammadi, provavelmente escrito entre os séculos III e IV d.C. A Biblioteca de Nag Hammadi é uma coleção de textos gnósticos do cristianismo primitivo, descoberta pelo camponês Mohammed Ali Samman, na região do Alto Egito, perto da cidade de Nag Hammadi, em 1945.

Dona de sete reinos

W.W. da Matta e Silva

A origem de um comando maior, quer na luz, quer na sombra, porque a sombra também tem comando, é uma coisa muito profunda, profundíssima...

Conheço uma pessoa que é médium...

Que recebe uma pombagira que foi rainha na Terra. Ela usou e abusou de poderes materiais, de poderes de realeza, tripudiou, enfim, pintou e bordou, um tipo assim Catarina de Médici da França.

Ela tanto pulou no Astral, que, forçada pela injunção de sua própria consciência ou pela necessidade que sentiu de evoluir ou de se libertar daqueles liames, aceitou ser uma pombagira de terreiro.

Mas, também, ela foi aceita porque tinha condições e sabedoria, tinha conhecimento, não é uma qualquer que seria chamada para essa função.

Em um cântico, em um ponto, ela diz assim:

> Quando andei pela terra
> Fui a dona de sete reinos,
> Dominava pelo ouro,
> Mas acabei no cativeiro.
> Hoje em dia eu sou Exu,
> Pombagira de Terreiro
> Hoje em dia eu sou Exu,
> Pombagira de terreiro.[55]

---

[55] Disponível em: <http:// umbandadobrasil.com.br>.

Pombagira Maria Caveira fala sobre o sagrado feminino

Mensagem canalizada por Yêyánayá[56]

Para as mulheres

O sagrado feminino desperta em seu interior quando você não mais compete ou se compara com outra mulher; quando você pratica a verdadeira irmandade, como era nas tendas, quando as mulheres se uniam para louvar e consagrar as entidades espirituais e os orixás em rituais verdadeiramente mágicos e potentes. A perda da essência começou a ocorrer quando os "machos" passaram a tratá-las de acordo com a lei da oferta e procura, trocando-as por outras com qualidades que lhes eram convenientes ou interessantes naquele momento.

E vocês, sem entender, passaram a questionar: por que fui trocada por outra? E as respostas as fizeram competir e despertar o lado sombrio do feminino. Passaram a utilizar os seus atributos para tomar o lugar ou tirar o "macho" da outra.

Como decorrência, tornaram-se submissas e permitiram a dominação do patriarcado.

O sagrado feminino se acenderá novamente, em cada uma de vocês, quando olharem as mulheres à sua volta e reconhecê-las verdadeiramente dentro de seus corações como irmãs; olhá-las com amor e admiração, cada qual com a sua carcaça. Sem querer ser ou ter aquilo que você não é. Entender o que faz você gostar e o que faz você não gostar.

No caso do feminino, nem sempre a repulsa, a implicân-

[56] Médium e iniciada do Templo Cristão Umbanda do Brasil.

cia, o desafeto é espelho. Algumas vezes, o que realmente tem lá, te falta aqui. É a coragem de ser livre verdadeiramente, no ser, no pensar e no agir. É a força de ser batalhadora, é a amorosidade de cuidar da outra ou do outro.

O sagrado feminino é o despertar da semente da Mãe Santíssima em seus corações. É cuidar, zelar, respeitar. É dar a mão como apoio, não desejando internamente que o outro, ou a outra, caia.

Para os homens

Os médiuns masculinos têm grande dificuldade em lidar com o aspecto feminino. Muitas vezes, resistem à incorporação de uma pombagira no terreiro de umbanda. Essa conduta identifica o aspecto "macho" proveniente do distanciamento do sagrado feminino e, consequentemente, de Deus.

Alguns homens até conseguem lidar com o fato de incorporarem entidades femininas, mas, em suas concepções preestabelecidas, entidades consideradas por eles como de grande porte espiritual, como as caboclas, as pretas velhas, as crianças femininas e as falangeiras das Mães d'Água. Porém, pombagiras, não, pois em seu conceito cristalizado, consciente ou inconscientemente, ainda rotulam a pombagira como a "a mulher da vida", que bebe, fuma e traz o sexo fácil, do qual muitos usufruem em suas vidas. Dessa forma, apequenam o importante trabalho das guardiãs, pois, segundo o seu ego inflado, elas não são merecedoras de incorporar em seu cavalo de "alta estirpe", que o homem, em seu preconceito particular, se coloca.

Dessa forma, a incoerência fica clara, pois pode, o homem aqui encarnado na matéria densa desta Terra, decidir se alguma entidade está à sua altura?

Se alguém tiver de escolher, seremos nós. E vocês, homens da Terra, continuarão distantes do amor, do acolhimento e do Pai Maior.

Amor incondicional

Selene

Dedicado à Grande Mãe e à amada terra natal

Atlantis
Terra sagrada
Período amado
Revestida do amor incondicional
Envenenada pelo egocentrismo
Permanecendo, no entanto, em seu âmago
O domínio do amor incondicional
Representado pelos quatro pilares
Mantido e perpetuado por seus quatro grandes sacerdotes
Líderes que se dispuseram a aqui permanecer
No campo astral terrestre
Para auxiliar e dar suporte àqueles que desejam se reintegrar
Através do domínio e compreensão do amor incondicional
Imensa saudade!
De minha Grande Mãe
De minha terra natal
Imersa na beleza, singeleza e plenitude áurica
Onde os campos vicejavam e primavam
Pela beleza do amor incondicional
Salvaguardando a quem de direito possuía o bem na alma e no coração
Onde era suplantado e utilizado pela força da sombra
Que está sempre ao nosso redor e dentro de cada um de nós
Em prol da fluidez e fortalecimento do amor cósmico.

Carta de Akayala para Rikal[57]

Há eras do seu tempo estive aguardando esse momento! Grande é esse momento! Agora, após vidas e vidas, a sua consciência atinge o grau de desenvolvimento exato para nos permitir a comunicação direta e lhe trazer todas as verdades contidas em nossas presenças ao seu lado.

Eu sou a Guerreira da Deusa que se indignou com a situação do feminino na humanidade e abracei a causa da cura e da recuperação do feminino sagrado, não apenas em almas encarnadas como mulheres, mas também em almas encarnadas como homens.

Sem o poder do sagrado feminino dentro dos corações humanos, a existência terrena seguiu – e segue – sem amor.

E, bem sabe você, a força com a qual eu trago a mensagem sobre a recuperação do poder feminino nas filhas da casa.

(risos) Eu quero mesmo gerar nelas – e neles – a indignação a respeito das condições míseras nas quais se colocam, sem compreenderem o quão importante é o aspecto feminino para o desenvolvimento espiritual de cada ser humano.

Essa forma de falar e de me manifestar na Casa é a maneira que encontrei de mexer nas bases e nas estruturas dessas mulheres e mostrar a elas que há uma força muito maior dentro delas que é capaz de conduzi-las para melhores e mais felizes situações na vida, inclusive na vida afetiva. Elas se sentem dependentes, quando suas almas lhes pedem para serem livres!

E, você, bem tem acompanhado os meus conselhos para as filhas da Casa que se põem à mercê dos maus-tratos destes

[57] RESENDE, Tânia. *Carta de Akayala*. Canalizada em 28 de maio de 2017.

que se consideram os superiores machos, que se perderam ao se considerarem os únicos na face desta Terra que merecem respeito. (risos) Muitas vezes, é preciso começar pelos níveis de consciência das filhas e filhos que nos procuram e falar suas linguagens.

Eu trago o caduceu bem representado, porque estou em missão de cura e recuperação do sagrado feminino. E estou por trás das articulações que trouxe a Deusa para a Casa, na figura da amada Kuan Yin, à qual eu sirvo e para quem trabalho com o único objetivo de disseminar, entre os filhos, a figura feminina como sagrada e, dessa maneira, incutir em suas mentes o respeito e a veneração à Deusa.

Eu sou uma anciã. Isso significa que, ao longo de minhas encarnações, eu cheguei a postos altos nas tribos e comunidades em que vivi. Uma anciã é a Mãe. É o sagrado feminino encarnado. A representação da Mãe Divina.

Fui a Mãe Anciã em tribos indígenas na América do Norte por duas vezes. E completei meu treinamento como curandeira suprema em uma tribo brasileira, preparando-me para estar ao seu lado nesse abençoado país. Minha alma é andarilha. Eu sou andarilha. E, por isso, amo tanto as comunidades ciganas e assim me identifico.

Fui a Mãe Anciã em três comunidades ciganas e também fui a Mãe Anciã na sociedade árabe, dotada do dom da leitura na borra do café. Porém, meu treinamento na Terra começou muito, muito tempo antes. Meu treinamento começou na Atlântida, quando servi no Templo da Deusa e fui iniciada como sacerdotisa. E, nessa função, também me tornei uma anciã. E lhe digo que a maioria dos filhos da Casa passaram pelo templo nessa época, buscando a cura em algum nível de seus seres. Filhos que se perderam com a queda. Filhos que agora desejamos que se lembrem da Deusa.

Filhos que desejamos curar e desejamos que recuperem as suas essências divinas. E você esteve lá, como aprendiz-ajudante, em procedimentos de cura e recebendo treinamento como dirigente de orações.

E a Casa é a tentativa de replicar o templo.[58] E estamos

[58] Vide o capítulo "Replicação do templo atlante no terreiro de umbanda".

conseguindo, graças à sua permissão e compreensão a respeito dos ventos de mudança que toda Casa deve seguir.

Logo após a queda, eu me coloquei como andarilha e aproveitei cada paragem para aprender e para transmitir a mensagem da Deusa. Estive entre os celtas e lutei em nome da Deusa contra os romanos. Nesse mesmo período terreno, estive em Alexandria, como estudante das ciências e da medicina, buscando impor o respeito ao feminino, simplesmente estando ali encarnada como mulher. E estive também entre os caldeus e foi onde nos reencontramos após tantos anos desencontrados.

O que estamos fazendo juntos? Somos uma Família de Luz, provenientes da mesma origem estelar – Órion –, e viemos à Terra para aprimoramento e para contribuição, cada qual em sua área e em seu modo. Assumimos diversas formas materiais e cada vida foi para nós uma grande alegria e aventura!

Honramos suas escolhas. Você é aquele que dentre nós decidiu por continuar em corpo físico, servindo como ponto-âncora para nossas ações e missões em Terra.

As verdades estão sendo desvendadas agora. Você muda de grau espiritual e os novos recursos que aprende têm nos alegrado muito, pois a sua evolução e a expansão de sua consciência nos permitem ampliar os trabalhos e, dessa maneira, nossa capacidade de ajuda aumenta consideravelmente.

Sabemos quão árdua é a tarefa de estar em linha de frente, encarnado a realizar propósitos espirituais em um momento de grandes transições. Mas, sabemos também, que você tem a força e a fé, a segurança e a integridade. Deve saber que a cada dia recompensas lhe chegam. Abra-se para percebê-las e para recebê-las.

Não há dificuldades previstas em seu caminho.

Como sacerdote, é muito importante que se una a grupos fora da Casa, assim como tem feito através de sua união com esta que agora lhe escreve, a qual, em sua humildade e com receio de que você se sinta obrigado a permanecer com ela, quer que você se sinta livre e me pede para lhe dizer que você é também livre para escolher outros grupos. Sinta sempre o que faz bem ao seu coração.

Mas, o fato é que, dirigentes de grupos como você é, não precisam se sentirem sós. O isolamento enfraquece e entristece, fazendo parecer que a direção é por demais penosa. O tempo é de união e de ajuda mútua. A direção se torna mais suave através da comunhão com outros dirigentes de grupos.

Dirigentes de grupos precisam de retroalimentação e de nutrição, precisam sentir-se unidos a pessoas e a outros grupos amorosos que estejam dentro dos mesmos propósitos, pois assim todos se fortalecem mutuamente e isso auxilia a tarefa de direção.

Uma nova fase já começou! Brilhantes têm sido as suas escolhas atuais! Muitas curas você promete realizar e os novos caminhos lhe trarão a alegria que tanto busca há tanto tempo.

Em breve, muito breve, você se reconhecerá como outra pessoa, pois o seu ser estelar está a se manifestar nessa sua existência. E sua alma se alegra com a possibilidade de expressar todo o seu potencial na Terra.

A sensação de preenchimento lhe trará a força para continuar a transformar os trabalhos da Casa, sempre munido de paciência, tranquilidade e amorosidade para com aqueles que ainda não conhecem o que agora você conhece.

Tudo está previsto e você foi preparado para esse momento. Permita-se relembrar e todos os recursos de que você necessita serão despertados em seu ser.

Fortaleça ainda mais a Mãe Divina na Casa. Aumente a presença de Kuan Yin entre vocês. A sua energia ajudará a preencher os corações de todos e isso irá estimular as consciências para novos pensamentos. Ouse fazer diferente. Todos acolherão, pois à luz de Kuan Yin não há quem resista e não há quem não se comova diante de tanto amor, o amor da mãe, incondicional por todos os seus filhos. Ela lhe ajudará nesse período de transição, pois a força da mãe transforma com suavidade e compaixão.[59]

Fortalecer a Mãe Divina irá facilitar muito o seu trabalho na Casa.

Meu nome é Akayala. É o meu nome estelar e tem me acompanhado desde há muito.

---

[59] Referência ao ritual de celebração de cura.

Continuarei a me apresentar assim. Continuarei a me apresentar como a pombagira, até que toda a transformação tenha acontecido. Os filhos e filhas ainda precisam desse meu aspecto e assim será.

Porém, entre nós, você sabe quem eu sou e já podemos usar outra linguagem em nossa comunicação, que deve ser, de agora em diante, mais telepática. Abra-se para as próximas instruções.

E saiba que me apresentarei ao lado da Deusa Kuan Yin, como sua representante mais próxima aos filhos encarnados.

Sou grata e coloco a rosa em seu coração.

Seja amor, seja luz, seja quem você verdadeiramente é.

Akayala, a seu dispor.

Cabocla Jupiara (trabalha na vibração de Akayala e Mãe Kuan Yin).
Arte de Rosa Teubl. Acervo do autor.

Mãe Kuan Yin

Logo após ter participado do *Workshop* Magnifeid Healing, em maio de 2008, comprei uma imagem de Mãe Kuan Yin e montei um pequeno altar para ela no Templo Cristão Umbanda do Brasil. Gradativamente, ela foi sendo reverenciada pelos filhos da Casa. Muitas pessoas são curadas por ela.

Astralmente, Mãe Kuan Yin foi "levada" para o Templo Cristão Umbanda do Brasil por Akayala, Guerreira da Deusa.[60]

Mas, quem é Kuan Yin? O que é Magnifeid Healing?

Na mitologia chinesa, Kuan Yin ou Kwan Yin (abreviação de Kuan Shih Yin Tzu Tsai) é conhecida como a Deusa da Compaixão e da Misericórdia e Perdão. É também conhecida como Quan'Am (no Vietnã), Kannon (no Japão) e Kanin (em Bali). É venerada por milhões de pessoas no mundo todo, sendo considerada o símbolo máximo da pureza espiritual. Seu culto vem crescendo gradativamente no Brasil.

Kuan Yin é aquela que ouve as súplicas do mundo.

> Kuan Yin é também chamada a deusa da misericórdia ou da compaixão – mestra ascensionada na chama violeta – na grande fraternidade branca, é a divindade mais popular no budismo chinês.
>
> É uma Bodhisattwa[61] e incorpora em si mesma as qualidades de amorosa vontade, compaixão, misericórdia, modéstia, justiça divina, sabedoria e perdão, distribuindo milagres a quem a invoque, como uma Mãe Divina, similar à Maria Santíssima.
>
> Kuan Yin é aquela que ouve os lamentos do mundo, estende a todos os seres o seu amor incondicional, sem julgamentos.

[60] Vide o capítulo "Replicação do templo atlante no terreiro de umbanda".

[61] O mesmo *status* de Buda.

Kuan Yin traz a Flor de Lótus como um símbolo de sua pureza, força e iluminação.[62]

Kuan Yin prometeu jamais descansar até que libertasse todos os seres humanos do mundo do sofrimento.

Como atingiu a iluminação búdica, tem permissão para seguir para outros *loci* siderais e vivenciar e ajudar em outros trabalhos cósmicos e continuar com a sua jornada evolutiva, porém escolheu continuar ligada à humanidade e trabalhar em prol da evolução e libertação dos espíritos que vivem na Terra.[63]

Kuan Yin fez o voto do Bodhisattva, de trabalhar junto às evoluções deste planeta e deste sistema solar para lhes mostrar o caminho dos ensinamentos dos mestres ascensos. Foi a antecessora de Saint Germain como Chohan[64] do Sétimo Raio, cujo cargo ocupou durante dois mil anos, e serve como a representante do Sétimo Raio no Conselho do Carma.[65]

Oração para Mãe Kuan Yin

Bem-amada Kuan Yin: invoco tua soberana luz!
Divina joia do Lótus Sagrado, habitai meu coração
Divina deusa do amor, resplandece tua divina luz em meu caminho
Ilumina meus passos, bem-amada Mãe de Misericórdia!
Sagrada mensageira da compaixão divina
Despertai tua divina luz em meu coração
Transforma meu mundo com tua divina bênção
Compadece-te de mim, Divina Mãe
Divina joia do Lótus: fazei de mim um instrumento de tua compaixão!
Que vossa divina misericórdia resplandeça em meu coração, hoje e sempre
Divina Mãe Kuan Yin, eu reverencio tua divina compaixão

---

[62] Disponível em: <http://animamundhy.com.br/blog/oracao-mae-divina-kuan-yin>.

[63] Disponível em: <https://www.wemystic.com.br/oracao-kuan-yin>.

[64] Chohan é um termo usado com o significado de "Senhor (a)" ou "Mestre (a)". É um título destinado a quem merece ser tratado com honra e respeito.

[65] Disponível em: <https://eradourada.com.br/leituras/kwan-yin>.

Que flui em meu coração na forma da divina e eterna canção
Om Mani Padme Hum[66]
Om Mani Padme Hum
Om Mani Padme Hum.

Mãe Kuan Yin.
Disponível em: <http://www.crystalwind.ca>.

Novena de Mãe Kuan Yin para manifestar milagres

Material

Nove velas de mel (branca ou violeta). Se não tiver velas de mel, pode passar mel em uma vela comum.
Nove incensos de aroma floral.

Ritual

Acenda a vela e o incenso e ofereça à Mãe Kuan Yin.
Permaneça em pé, feche os olhos, respire profundamente e relaxe.
Eu pretendo dirigir Kuan Yin.
Coloque as mãos em posição de oração, dobre suavemente os joelhos, incline a cabeça, repetindo doze vezes: Namo Kuan Shi Yin Pusá (Namô Kuan Shi Yin

[66] "Oh, a joia no lótus".

Pudsá).

Ouça o mantra (disponível na internet).

Em seguida, eleve as mãos sobre a cabeça em direção aos céus e coloque mãos e braços em posição de uma taça, em posição de recebimento.

Agora diga: Amada Kuan Yin: Preencha minha taça com seu amor divino. Preencha minha taça com tudo o que eu necessito agora, para que nada me falte nunca! Preencha minha taça com saúde, dinheiro, bens materiais (diga o seu pedido específico), que serão usados para o meu bem e para o bem de toda a humanidade.

Encerramento: Finalize com uma oração pessoal de agradecimento e com a certeza da realização pronta e imediata de seus pedidos.

Ao final, acrescente o mantra de Kuan Yin (Om Mani Padme Hum).

Repita esse ritual por nove dias consecutivos.[67]

Magnifeid Healing[68]

Magnifeid Healing é uma técnica trazida por Mãe Kuan Yin que utiliza energias vibracionais da quinta dimensão para curar o corpo físico e os corpos sutis. Atua nos desequilíbrios dos corpos físico, astral e emocional, possibilitando que eles se reorganizem e abram passagem para a luz e a perfeição.

> Esta cura foi apresentada pela primeira vez na Terra em 1983 e era usada somente nas dimensões superiores pelos mestres ascensionados para ajudarem os mestres na Terra e a humanidade, sob dispensação divina especial. Em 1999, sob inspiração direta da Senhora Mestra Kuan Yin, Magnifeid Healing, do Altíssimo Deus do Universo foi trazida na sua forma expandida para promover o avanço espiritual da humanidade na Terra.[69]

O Templo Cristão Umbanda do Brasil (São Paulo) oferece,

[67] Para mais detalhes, consulte os *sites*: <https://anjosereno.webnode.pt/kuan-yin>; <http://animamundhy.com.br>.

[68] Cura magnificada.

[69] KING, Gisèle; ANDERSON, Kathryn. *Manual de ensino*. *Workshop* de Magnifeid Healing Fase 1, 2018.

periodicamente, o *Workshop* Magnifeid Healing.[70]

Celebração de cura

A celebração de cura de Magnifeid Healing é um "templo" de cura formado pelo amor dos terapeutas/praticantes de Magnifeid Healing, em que experimentamos a energia de Magnifeid Healing e, juntos, tratamos a nós mesmos, os nossos entes queridos e o nosso planeta.

O Templo Cristão Umbanda do Brasil (São Paulo) oferece, de forma gratuita, a celebração de cura uma vez por semestre.

Altar de Mãe Kuan Yin em dia de celebração de cura (Templo Cristão Umbanda do Brasil). Fotografia: Tatiana Giustino.

[70] Para mais detalhes sobre Kuan Yin e Magnifeid Healing, acesse os seguintes *sites*: <http://www.anjodeluz.net/KuanYin.htm>; <https://anjosereno.webnode.pt/kuan-yin>; <https://magnifiedhealing.com>. Recomendamos ainda a leitura desta obra: BLOFED, John. *A deusa da compaixão e do amor*: o culto místico de Kwan Yin. São Paulo: Ibrasa, 1994.

Carta de Asu Mirendo Mer para Rikal[71]

Asu Mirendo Mer. Arte de Rosa Teubl. Acervo do autor.

Salve, salve, meu filho querido e amigo do coração!

Muitas foram as nossas paragens e diversas são as linguagens e imagens do Universo, as quais as almas em serviço ao Pai Maior usam para realizar seus trabalhos em Terra, com a finalidade de ajudar cada filho humano em sua caminhada rumo a melhores estados vibracionais e transmitir a esperança e a fé.

[71] RESENDE, Tânia. Carta de Asu Mirendo Mer. Canalizada em 2 de janeiro de 2017.

Sou o seu preto velho, dirigente espiritual de nossa Casa – nosso centro de luz, que é mais seu que meu –, e também estou ao lado de seu orixá de cabeça, a lhe sugerir o controle dos pensamentos e da tão bela missão que escolhemos para cumprir, juntos, em mais uma etapa de nossa evolução.

Enquanto você coordena seus médiuns, eu coordeno uma enorme equipe espiritual a atuar através de – e a partir de –, seu grupo seleto de amigos humanos em Terra que assumiram o mesmo compromisso de disseminar o amor e a luz para tantos e tantos buscadores da paz do espírito e do corpo.

Se me apresentei inicialmente como preto velho, foi porque, um dia, você precisou desse aspecto meu – quase como que um "disfarce" (risos) meu –, para que aceitasse o seu caminho espiritual na condução de seus tão amados filhos encarnados, rebanhos espirituais em busca de fé e de bem-estar.

A humanidade evolui a passos largos e a luz na Terra já é bem maior que há bem poucos anos e é tão grande a expansão da consciência humana, que já é momento de atualizarmos a minha linguagem e a minha imagem, para que possamos estabelecer novas maneiras de atuarmos e, com isso, trazermos para todos vocês novos recursos de cura, paz e equilíbrio.

Meu filho amado, é o seu momento de lembranças. Lembranças de um tempo muito distante, quando juntos aprendemos e juntos na carne vivemos.

É chegada a hora de conduzir-lhe para novos modos de trabalhos espirituais, onde a igualdade entre nós (eu e você) deve ser compreendida, uma nova maneira de nos relacionarmos. E, diante dessa nova compreensão, você transmitirá e ensinará aos nossos médiuns-canais as novidades.

Tudo tem seu tempo. Tudo segue conforme a previsão e deve acalmar-se diante dessa nova responsabilidade que agora torno mais consciente, através da ativação de sua memória ao ler estas palavras.

Apresento-me em uma nova imagem, nova linguagem e nova roupagem. Porém, meu aspecto de preto velho e meu trabalho como tal sempre existirão, especialmente porque ainda há muitos que ainda não estão prontos para o desapego às imagens mais conhecidas como tradicionais.

Mas, o novo já se faz e deve acontecer simultaneamente e, pouco a pouco, a espiritualidade e as condições universais do espírito, da existência das almas e da verdade divina serão reveladas na Terra.

Conecte-se comigo em minha roupagem hindu e você compreenderá. E essa compreensão irá acrescentar muito ao seu – e ao meu – trabalho.

Estou transformando minha linguagem transmitida a você. Pensa que sou dois, mas sou um!

Você já me conhece de tantos tempos atrás, quando juntos em carne apreendemos as artes da cura com os mestres caldeus e – carregando o caduceu de nossa iniciação – viajamos por terras longínquas, ampliando nossas habilidades e, posteriormente, amparando os mais necessitados, oferecendo nossos unguentos e nossas beberagens, preparadas com as plantas medicinais das regiões por onde estivemos. E aprendemos que a verdadeira cura se faz através da cura da alma e do espirito.

Caridade médica foi nosso grande desafio nesses tempos antigos e neste atual momento de nossas existências, adaptamos o modo de cura para os trabalhos na Casa, nosso centro de luz. Eu, do lado de cá, e você, encerrando seu ciclo de vidas na dimensão física tridimensional, fechando mais uma etapa de intensos aprendizados para sua alma. Assim escolhemos e assim é e será.

Não me direcione glórias. Sou tanto quanto você e todos os outros. Somos uma equipe em missão, cada qual em sua função e tarefa. Não realizamos nada sem as nobres ações de vocês, encarnados. Necessitamos uns dos outros, como necessitam de água para nutrir seus corpos.

É momento de nos verem – e de se verem – como parte de uma grande equipe que atua pelo bem da humanidade, cujos membros ainda não são totalmente compreendidos e estão prestes a se apresentarem, assim como eu me apresento agora, em mais um dos meus aspectos.

Estabilize as suas emoções e retire-se do centro de discórdia que tende a acontecer ao seu redor. Você não foi feito para incomodar-se com as opiniões alheias e consegue compreender que deve permanecer em seu centro de poder. Opiniões são apenas opiniões e todas elas jamais retratam a verdade. A mais pura verdade, o mundo do espírito, ainda está além, muito além da compreensão humana. Muitas são as facetas e armadilhas das crenças e das verdades vistas com os olhos limitados pelo ego inferior.

Fique com o conceito de que aquilo que efetivamente importa neste universo de Deus-Criador são os avanços da alma e verá que todo o resto não faz sentido algum. Fique com a ideia de que muitos são os recursos disponíveis hoje e lembre-se de que um dia aprendeu com os mestres médicos caldeus as técnicas que hoje chamam de medicina vibracional, na qual a saúde e o bem-estar são vistos e compreendidos a partir do espírito e da alma.

Lembre-se dos mais diversos recursos que trouxe para sua vida atual e aproveite-se dessas oportunidades que restabelecem o equilíbrio pessoal e daqueles necessitados que o procuram. E os resultados positivos que tem conquistado é o que efetivamente importa.

Ninguém mexe com você, filho, a não ser que permita e lhes dê atenção.

Aprenda a usar a luz divina a seu favor, para conquistar mais maestria, e saiba que muito do que nós – do lado de cá – fazemos, você já sabe e pode fazer. É hora de exercitar-se nas artes do poder mental, transferindo para si mesmo as condições de ajustes e de reorganização na Casa – o nosso centro de luz.

Use o "cocar" que lhe pertence e as ferramentas de domínio de si mesmo, para assumir o comando, com justiça, paz e amor, na suavidade que lhe é própria.

Seu poder é tanto maior do que imagina, porém, sua tamanha e nobre humildade chega aos limites extremos e desnecessários e isso o impede de se reconhecer e de expandir-se como "o chefe". Há de equilibrar humildade e reconhecimento de si mesmo, autovalorizando seus dons e habilidades que lhe são próprios.

Coloque-se no centro da Casa e empunhe a sua espada em suas mãos. Ative seu "cocar" – que lhe confere proteção e poder mental –, segure o caduceu dos mestres da medicina e irradie a luz e faça com que se expanda à sua volta.

Atue comandando a paz, o equilíbrio, o amor e a justiça, irradiando para tudo e para todos. Permita que essa força se faça manifestada, aguardando – com fé e paciência – os movimentos externos que acontecerão.

É hora de atuar mais com seu poder mental do que com palavras e ações.

Deve compreender que há uma força muito maior que as palavras e ações, quando se traz a Luz do Pai Maior para irradiar a partir de si mesmo.

Você se põe como nosso humilde servo e somos gratos por isso. Porém, desejamos que se ponha como irmão, em igualdade de poder, de força e de luz. Unir e equilibrar humildade com poder divino é seu desafio. Permita-me instruir-lhe nisso. Peça para que eu lhe ensine e abra-se para sentir, apenas sentir o seu poder interior.

Estamos ao seu lado, sempre. E deve saber que as forças das trevas andam revoltas com a vitória do poder de Deus sobre muitos seres humanos e essas forças desequilibrantes encontraram canais amistosos que se espalharam por todos os cantos e infiltraram-se no meio dos outros, de coração puro, com a intenção de minar as forças e destruir.

E fazem isso fortalecendo o ego humano, tão vaidoso e cheio de coisas inúteis que não têm importância alguma. E deve saber que esses canais amistosos das trevas que se infiltraram, preferiram ir aonde estão os grupos do bem, atacando especialmente seus dirigentes.

Porém, estes das trevas estão em número bem menor que antes, quando milhares deles iam diretamente de um a um, desarmonizando o grupo para fazer cair o dirigente. Agora, usam a tática que descobriram, na qual precisam de menor número deles, derrubando os dirigentes para, em consequência, derrubar a todos. Fortaleça-se todos os dias. Confie em seu poder de luz.

Grande é sua tarefa. Grande é sua responsabilidade. E não deve sucumbir jamais a esses enganosos que rondam para desestabilizar a sua tarefa junto ao seu grupo.

E é por esse motivo que lhe digo que o seu emocional deve ser estabilizado, pois estes – os das trevas – chegam por trás e vão aos pontos fracos, filho.

Portanto, não se incomode mais com as opiniões alheias e jamais permita que o medo o consuma. Você é um ser de muita luz e nós vemos o seu brilho. E seu poder mental de transformação é muito maior do que possa imaginar.

Resguarde-se. Você é mestre! Retire-se das discórdias mentais e intencione – por si mesmo – afastar aqueles que jamais desejaram o bem e apenas estão para desequilibrar.

E saiba, filho, que essa é a ocasião em que todos os humanos que vibram amor e luz devem se unir, de alguma maneira, e aprender uns com os outros. Todos os filhos estão amparados!

Muitas novidades estou lhe trazendo nessa nova linguagem e imagem. E é hora de acessar esse meu aspecto, chamando por mim, médico iniciado nas artes de curas caldeias e védicas, que lhe foi tão próximo em existências anteriores.

Nesse aspecto, não incorporo como estamos acostumados a fazer. Vamos treinar a irradiação juntos. E lhe digo que há, em nosso grupo, outros que – iguais a mim – estão prontos para manifestarem-se a partir de outros modos, em seus outros aspectos – e você já sabe disso.

Novas linguagens se estabelecerão na Casa – nosso centro de luz. Novos modelos de cura se mostrarão e maior potencial iremos atingir juntos.

E, meu filho querido e tão amado, esta é apenas uma etapa da transformação. Deve saber agora que somos originários de outras esferas planetárias e, em dado momento futuro, iremos nos manifestar em nossa origem estelar. Esteja pronto. Esteja preparado (risos). E não se assuste com assuntos novos nem com novas imagens.

A Terra caminha. A mente humana evolui. E os pioneiros trarão as mais puras verdades e será assim que destruirão o mal e mostrarão os caminhos do amor e da união entre povos da galáxia e do universo.

Deve saber que nossos aspectos estelares já estão se mostrando e já estão em atuação, embora vocês ainda estejam com dificuldade em reconhecer, porque simplesmente não estão atentos ao fato. Abra sua visão e nos verá em essência estelar. E isso será muito divertido!

Organize um pequeno e seleto grupo de experimentação. Faça reuniões exclusivas para treinarem a irradiação dos seus pretos velhos em seus outros aspectos. Simplesmente, chamem por eles, peçam que se apresentem como são em outras personalidades, mais próximos de suas origens e tudo vai acontecer. Eu estou na coordenação e irradiaremos, sem incorporação, assim como eu agora faço.

Você está pronto, você está preparado para conduzir o rebanho a entender que, no mundo espiritual, estamos todos unidos e atuamos juntos, não importando nossa linhagem ou nossa história.

Dê vazão à união entre as mais diversas equipes espirituais que o cercam. Continue a acessar os mestres ascensos e saiba que eles os cercam há muito e já atuam na Casa. E lembre-se: toda inovação encontra os que resistem. Não lhes dê atenção e siga o que manda seu coração.

Poucos são os escolhidos para realizarem essa transformação. Escolhidos foram apenas aqueles que conseguem abrir suas mentes para o novo e se propõem a ousar. E você é um desses. Como dizem agora na Terra, um *upgrade* na Casa está pronto. Você está pronto e deve seguir sem medo, com equilíbrio e segurança. Eu lhe instruirei.

Com esse grupo seleto – seus médiuns de trabalho –, treine. Posteriormente, abra sessões especiais de cura.

Nós estamos nos transformando e evoluindo. Nós estamos nos adaptando às novas energias que chegam e às novas demandas do universo do Pai Maior.

Aprenderemos com vocês enquanto vocês também aprendem conosco e, dessa maneira, chegaremos aonde se deve chegar, por demanda divina, a todos, em seu devido momento.

No fundo de seu ser, já sabe do que falo, porque já o intui. E acreditamos que estamos todos prontos. Crie um novo trabalho, em um novo dia, sem remover o que já existe. Será uma grande aventura! Continuaremos atuando como pretos velhos, ao mesmo tempo em que – em dias especiais – faremos o diferente.

Nesta hora, devem soltar as mãos. Um novo passe iremos fazer. Passes que movimentarão suas mãos repletas de luz e símbolos brilhantes, que farão na testa, no coração e na base da espinha. Treine sozinho primeiro, se preferir. Sentirá a minha presença a irradiar através do seu ser.

Permita que seus médiuns, nesse encontro, soltem suas mãos, pois cada um de nós tem seu jeito próprio de fazer a harmonização dos campos de energia.

Estude e repasse os estudos. Quanto mais souberem sobre cura vibracional e espiritual, mais recursos teremos a sugerir. E, se sentir dificuldade, saiba que apenas o toque em qualquer lugar do corpo será o suficiente para transferimos o poder magnético e direcioná-lo no corpo dos necessitados.

Não tema, meu amigo. Você é capaz e já sente a necessidade disso, há muito, pois isso está em suas entranhas. Estava apenas aguardando nossa autorização. Pois, aqui ela está.

Quanto mais avançam, mais próximos da nossa verdadeira origem vocês estarão. Sigam com calma, confiança e fé. Sem pressa e sem desespero. Somos pacientes e deve saber que nós também estaremos nos adaptando, uma guia de duas mãos: nós e vocês.

Não poderia ser você a captar essa mensagem, porque sua mente iria estranhar demais o que lhe transmiti agora e iria pensar estar criando fantasias em sua cabeça. Mas, essa é a verdade, filho.

No céu, há uma estrela brilhante a nos guiar. Nossa esfera planetária natal, de onde viemos e para onde retornaremos um dia e iremos novamente nos encontrar nos mesmos níveis dimensionais.

Sou grato por essa oportunidade de transmissão. A seu dispor, para outras instruções em breve.

Eu Sou Asu Mirendo Mer.

Um humilde mestre da medicina caldeia e védica.

Comentários de Rosa Teubl quando da pintura mediúnica de Asu Mirendo Mer

Quando fiz a canalização, chamando pelo seu mentor, eu pude sentir várias energias ao seu lado. Sem saber exatamente quem estava se apresentando, comecei a fazer o esboço, até que ele pediu que eu colocasse o filá na cabeça; então, percebi que era seu preto velho.

Muito emocionado, ele foi mostrando como queria a imagem. Todas as vezes que eu fazia um traço de que ele gostava, os olhos dele se enchiam de lágrimas. Muito amoroso, ele não é somente um mentor que auxilia na cura, ele é um pai espiritual para você.

Asu Mirendo Mer pediu que colocasse um japamala no pescoço dele. Quis que eu colocasse traços no filá, lembrando um portal. Pediu, também, que eu colocasse um pouco de lilás no manto dele.

Como você deve saber, Asu Mirendo Mer é muito sábio, amoroso, calmo e tranquilo, tem um carinho muito grande por você. Ele gosta do Sol e pediu que eu colocasse a luz do Sol irradiando sobre ele. Essa luz também irá irradiar para você, iluminando-o. Ele me pareceu ser de outra dimensão.

Espero que, com esta imagem, vocês se aproximem ainda mais.

Medicina na Babilônia há 4000 anos. Arte de Vsevolode Nicouline (1970). Publicação do Laboratório Carlo Erba (Milão). Acervo do autor.

Replicação do templo atlante no terreiro de umbanda

Em 6 de maio de 2019, Akayala, juntamente com o Exu da Luz (o Mago de Alexandria), conduziu o ritual de replicação do templo atlante no terreiro de Rikal. Apresentamos alguns detalhes que podem ser divulgados desse histórico ritual.

Preleção inicial

Rikal: Todas as vezes que abrimos a boca para falar mal dos outros, atraímos coisas más para nós também, assim como julgar o outro.

Para chegar à noite de hoje, foram muitas madrugadas conversando com ela (Senhora Akayala), para planejar as coisas.

Recordo-me como se fosse hoje da primeira carta recebida de Asu Mirendo Mer e, depois, as outras cartas: do Exu da Luz, Senhora Akayala, Eclesius de Roma, Senhor Guardião da Terra e do Feiticeiro Kongo. As cartas e as pinturas mediúnicas têm respaldo astral por conta da privilegiada mediunidade de Tânia Resende e Rosa Teubl, pois vários detalhes somente eu conhecia sobre o meu passado.

Quando eu estava no templo da rua Salvador Simões, fiz o *Workshop* Magnified Healing e trouxe a Mãe Kuan Yin para a Casa, mas, nessa época, eu não sabia que estava sendo conduzido pela Senhora Akayala, pois, para mim, ela era somente uma pombagira e foi a partir desse momento que a Casa começou a se tornar matriarcal. Até Maria Laveau (Voodoo Queen) fala da necessidade do equilíbrio entre o masculino e o feminino.

Rikal leu um texto da Senhora Akayala sobre as falhas da humanidade, no qual compara a Terra com a umbanda, seus pontos positivos e negativos em comum, e sobre Atlantis: o alto grau de espiritualidade, a alta tecnologia. Inseriu um trecho do texto *Uma Sacerdotisa Atlante no Templo de Cristal*[72], no qual é mencionada a gravidade da perda da deusa e o rompimento com o sagrado.

Hoje, inaugura-se a nova fase do templo onde a Senhora Akayala irá retomar sua antiga forma de grande sacerdotisa atlante. E, quando o Exu da Luz (o Mago de Alexandria) estiver incorporado na Mãe Espiritual, falará sobre a nova fase.

A Mãe Espiritual, Larayara, fala sobre algumas particularidades do Exu da Luz ditadas por ele na carta canalizada por Tânia Resende:

> Quais as verdades escondidas e porque foram escondidas? Sou originário de Órion e me liguei à luz do Cruzeiro do Sul. Experimentei o conhecimento através do corpo humano. Na minha primeira encarnação, em Atlantis, adquiri conhecimento sobre a cura e alta tecnologia. Estive em contato com estudiosos da época dos caldeus. Vi a maldade humana, sua hipocrisia através de uma falsa religião. Optei por estudar os humanos e reconhecer suas precariedades e decidi ajudá-los. Aprendi a me adaptar a mundos mais densos. Vi muitos perdidos em seus anseios e na escuridão. O medo surge na dificuldade do ser humano viver em duas dimensões. Mentes fechadas. E o medo tem referência em tantas e tantas coisas por qual passaram: As cicatrizes deixadas pelos Magos Negros. Minha estadia em Alexandria foi calma e tive oportunidade de obter grande conhecimento.
>
> Você (Larayara) precisa trabalhar para abrir-se à comunicação telepática para fazermos mais trabalhos juntos em outros níveis. Eu escrevi para você se aprimorar em outros níveis e não se importe com quem não os entender. Cale-se a quem questionar sobre quem sou. Assim, preparamos a Casa para outros níveis. Vou lhe contar várias histórias e juntos subiremos outros degraus. Seremos mais uma equipe de mediação, muitos médiuns estão perdidos e desabilitados aos novos trabalhos e, por causa desse fator, estão adentrando no ego e em sombras-escuridão!

[72] YTÇALA-DAYASHA, 2000,

Finalizada a leitura de alguns trechos da carta do Exu da Luz, Rikal complementa dizendo: "Como podem ver, tudo converge e todos eles estão dizendo a mesma coisa, a necessidade do autoconhecimento e de haver mudanças para que a espiritualidade nos ampare em nosso crescimento e reconhecimento".

O ritual

Senhora Akayala: Hoje é um dia glorioso, não só para nós, mas para o Astral. Duas coisas importantes irão acontecer hoje. Vocês já ouviram o Senhor Exu da Luz dizer que ele "está exu e não é exu". E hoje é meu último dia de "estar como pombagira". Dificilmente, irei aparecer no rito de exu. Quem está sendo preparada para essa tarefa é outra pombagira. Hoje, terei minha essência retomada, pois não é mais necessário que me apresente como pombagira. Isso é algo pessoal meu e, como leram na carta: é a tentativa de replicar o templo de Atlantis e, dentro de instantes, isso será feito.

Mas qual templo de Atlantis? (devem estar se perguntando): o da era áurea como está na carta. Quando falo da Grande Sacerdotisa, não significa sinal de poder e, sim, de muita responsabilidade, a qual dividia com outra sacerdotisa que irá se apresentar aqui incorporada na Mãe Espiritual. Muitos milênios, muitas andanças.

Alguns de vocês iam em busca da cura e outros foram aprendizes-auxiliares nos processos da cura. Assim, como vem acontecendo hoje, o templo físico é, dessa forma, bonito tanto quanto o era, pois não é nem necessário esse espaço. Poderia ser qualquer espaço para replicá-lo: em qualquer lugar da natureza, em um espaço como é destinado à Mãe Kuan Yin, em qualquer lugar. Mas, no momento, está sendo replicado aqui. Como o Exu da Luz disse: "A partir do momento em que a conexão é feita, está feita".

Sobre o ponto cantado que passei ao meu menino, repararam que não tem menção à pombagira? É tudo passado de forma gradativa, mais branda, até a própria mudança do nome de nosso templo, que muitos não entenderam, e que já era o início das mudanças, que vem devagar para melhor compreensão. Agora este será o Templo da Deusa. Vocês devem estar se perguntando: "Qual deusa?".

Pode ser qualquer uma das mães: Kuan Yin, Yemanjá, Maria Santíssima. E penso que vocês não creem na história de que ela era virgem ao ter seu filho. Vocês sabem como ocorre a criação. Ela é a virgem por conta de seu caráter incorruptível.[73] Ela era o único ser preparado para dar à luz a Ele. Pode ser Hécate, a deusa das três faces. Qualquer uma delas pode ser uma das mães.

Mãe Kuan Yin é a de maior grau e, hierarquicamente, a mãe, pois é o ser mais elevado das mães junto com Maria Santíssima, assim como as grandes mães. Isso não importa.

Só pode se ajudar quem quer ser ajudado e como lá (Atlantis) havia poucos que quisessem ser ajudados e porque a catástrofe final se aproximava, iniciamos nossa caminhada.

Por que estamos aqui hoje? Para ver o dinamismo matriarcal se consolidando. Existem ainda arestas para serem aparadas. Há alguns homens e mulheres engajados no patriarcalismo, mas hoje podemos trabalhar isso até que todos possam viver em harmonia.

Esta noite merece uma celebração, que ocorrerá em três momentos:

1. Agora, vamos compartilhar a bebida, que solicitei clara e doce, e que simboliza o vinho, uma taça para cada lado.

2. Pão e azeite: momento com o Senhor Exu da Luz. Sabem a representação do pão e azeite? O pão representa o Santíssimo e o azeite vem da oliveira, árvore sagrada, o Monte das Oliveiras, que tem ligação com o Senhor Maior.

3. Quando terminarmos, compartilharemos as frutas.

Dediquem-se mais à Mãe Kuan Yin. Quando chegam, por exemplo, em qualquer momento, orem mais ao Pai Maior, à nossa Mãe Santíssima.

Senhora Akayala pediu à Mãe Espiritual que se ajoelhasse frente ao preceito, onde receberia a sua companheira. Pede

[73] O atributo virginal da deusa simplesmente significa que ela não pertence a homem algum; ela pertence a si mesmo. Ela não é vista como correspondente de outros deuses, ou como versão feminina de um deus. Embora possa ser casada, seu esposo é visto como um consorte. Sua condição de esposa não altera seus próprios atributos, nem lhe concede *status* especial. A deusa do amor existe por direito próprio, como "uma em si mesma". HARDING, Esther M. *Os mistérios da mulher:* antiga e contemporânea. Rio de Janeiro: Paulus, 2021.

que todos mentalizem e entoem o mantra: "Aum, Aum"[74], que é entoado até a chegada da sacerdotisa.

Sacerdotisa ao chegar: Boa-noite. Um dia de festa. Dia de despedida. Outra forma de trabalho.

Senhora Akayala: Sempre estaremos aqui.

Sacerdotisa: Que sejam auspiciosos os novos tempos. Esse é o trabalho que gosto e já que tenho permissão para começar algo mais sutil, que transcende a matéria, e aos poucos vamos ensinar que a cura está aqui no simples, na delicadeza de Kuan Yin. A energia plasmada e potencializada pode curar, mas o homem não acredita e não consegue se curar e se libertar desse ciclo de encarnações e o primeiro passo para se libertar é usar a energia. Aprendam a usar, até que a consciência se expanda e aí conseguirão vencer, transmutar e romper o ciclo repetidamente.

Quando se trabalha com energia sutil, nos libertarmos das mazelas e da própria sombra. Esse é o segredo de transmutar chumbo em ouro. Essa é a verdadeira alquimia da vida: dominar a própria sombra e conseguir se libertar. E essa liberdade é tão boa que faz o amor permear entre os humanos. Por isso, Mãe Kuan Yin fica aqui para poder transmutar, para que todos possam seguir esse caminho. Esse trabalho é sutil, mas esquenta, dá calor (menciona o próprio rito).

Há alguém que não acredita? Basta só sentir. Às vezes, dá um suador. Este está trazendo a cura para o corpo; para que o corpo possa ficar no planeta encarnado mais tempo. Não vou ficar falando muito. Vou falar quando esse grupo pequeno começar a trabalhar. Aí vou falando, explicando. O silenciar é importante. Às vezes, é bom aprender a silenciar.

Senhora Akayala: Há uma dimensão na Casa em que os exus ficam fumando em silêncio e é nesse silêncio que estão ocorrendo os grandes trabalhos.

Sacerdotisa: Quanta coisa não é curada nesses trabalhos. Quem está há muito tempo na Casa deve perceber as mudanças ocorridas nela. Isso vou deixar para o Exu da Luz explicar

[74] Também entoado como OM, é o mais importante de todos os mantras. Ele contém o conhecimento de todos os vedas e é o corpo sonoro do Absoluto, Shabda Brahma. OM é o som do infinito e a semente da qual surgem todos os outros mantras (https://www.eusemfronteiras.com.br).

– o denso.

Senhora Akayala pede para que a sacerdotisa se apresente e ela diz: Vou contar depois mais sobre a minha história; por ora, fica só como a grande Companheira de Akayala: Yanacyê.

Yanacyê: Os cajados são símbolos espirituais, assim como a espada, e também símbolos de defesa (fala olhando para o cajado, em sua mão, e a espada sobre a toalha). Anuncia: O Exu da Luz, o Mago de Alexandria, vem para o segundo momento.

Quando o Exu da Luz vem, a Senhora Akayala diz: "Boa-noite, Mago de Alexandria" e pede para um sacerdote trazer a espada para ele.

Senhor Exu da Luz: É uma honra estar sentado aqui ao lado da Senhora Akayala. É um motivo de grande alegria poder estar sentado ao lado da Grande Anciã.

Senhora Akayala solicita que a cambona pegue o sino e o bastão e diz: "Exu da Luz irá bater sete vezes o sino de Atlantis, nesse dia de tanta alegria também no Astral". Pede para todos fecharem os olhos, respirarem profundamente e o Senhor Exu da Luz bate o sino por sete vezes.

Senhora Akayala: "Abram os olhos para a nova realidade. O templo da Deusa está replicado. Não tem mais volta". E passa a palavra para o Senhor Exu da Luz.

Senhor Exu da Luz: É tempo de ressignificar tudo aquilo que já foi visto. Alguns poderiam dizer que exu sentado em um banquinho é coisa de aberração, mas como Senhor Tranca Ruas se senta...

Senhora Akayala: É só uma nova forma. Já faz um bom tempo que a espada só serve para defender e não para guerrear. Se for para guerrear, que seja só contra os monstros internos, porque estes nos trazem malefícios. Posso fazer um pedido? Apagar um pouco as luzes (e assim foi feito). Só não podem dormir... Se se sentir vontade, durma. O corpo astral estará aí também...

Senhor Exu da Luz: Como ela (Yanacyê) foi embora, vou falar algumas coisas que me cabem aqui. O que é energia? Coisa de nossa mente. E o que podemos fazer com isso? A gente vem para o terreiro em dia de gira, e ainda existem alguns arquétipos com relação à densidade e, racionalmente, queremos explicar se foi leve ou não (já falei sobre isso). Somente nós sentimos (por causa da física), mas, em outros arquétipos, pode ser que não existam. E aí viram os monstrinhos. Mas a mente é que determina se vai ser bom ou não; somos nós, porque trabalho é trabalho.

Com isso, estou tirando a muleta de cada um. Não há mais tempo para acreditar que a influência é só externa. Foi falado sobre a preparação e ninguém respondeu a um questionário, pois vai da responsabilidade de cada um. Hoje, depois das festividades das Mães, pensam que seria um dia de grandes incorporações, mas todos já suaram, sentiram em seus corações que está sendo um outro nível. Duvido que ninguém tenha sentido calor.

É outro tipo de energia girando: a energia sutil. Trabalhar com o espiritual é em nível simples e trabalhar essa energia é uma de nossas funções. O Pai de vocês já falou disso aqui na frente: "Falar mal dos outros – melhora ou piora?". Todos respondem: piora. Então esse é o primeiro item. Poderíamos falar sobre os sete pecados capitais, mas isso é para outro dia. Às vezes, me sinto a chover no molhado, pois já falamos disso inúmeras vezes.

Todos aqui têm memória de quantas vezes viveu no planeta e ao longo do tempo vai lembrando disso. É um dos símbolos que nos conecta ou ativa nossa memória espiritual. Está ali (aponta para os elementos do rito). O pão também é alimento, como o vinho, para nossa alma (pão e azeite). Quando forem comer, pensem com o que vocês querem se conectar. Que parte da memória desejam ativar e, se for de seu merecimento, as partes devem aflorar. Tudo a seu tempo!

Senhora Akayala: Antes de ir embora, quero, primeiro, agradecer ao Astral Superior pelo privilégio de ter usado, por muitos anos, a vestimenta de pombagira, que, dentro de alguns minutos, irei transferir para outra pombagira. Agradeço ao Senhor Asu Mirendo Mer, Swamy Anavandara, Senhor Ori (sacerdote atlante), Exu da Luz, Índio Guará, Vovó Maria Conga... Todos os outros protetores que preparam esta Casa...

Agradeço ao meu menino que, pacientemente, me ouviu

durante essas semanas. Pelo preceito simples. Pela vossa preparação e rogo à Senhora Kuan Yin que sempre cuide de vós. Que tenham muita saúde, amor incondicional para com todos seus semelhantes.

Boa-noite!

Eu sou Akayala!

Rikal retorna e o Senhor Exu da Luz pergunta a ele: Tudo bem aí? Rikal responde: Sim... (sorri).

O rito é finalizado com o Senhor Exu da Luz se despedindo. Ao término, ele pede que a maçã seja degustada no outro dia, em jejum, pois explica que remédio demais faz mal.

Fim do belíssimo ritual de replicação do templo atlante.

Adendo

Eu, a escriba, finalizo, com permissão, a descrição de tão bela e imperiosa noite e agradeço a honra de poder participar e relatar tão imensurável ritual; indescritíveis momentos.

Gratidão ao Pai Espiritual, à Mãe Espiritual e à Senhora Akayala por tamanha confiança.

São Paulo, 6 de maio de 2019.

Ponto cantado da senhora Akayala[75]

Sou a guerreira da deusa
Guerreira de Mãe Kuan Yin
Sou a guerreira da deusa
E trago flores do seu jardim
Akayala, Akayala
Guerreira de Yemanjá
Akayala, Akayala
Guerreira da rainha do mar.

[75] Ponto recebido (no banho) por Rikal em outubro de 2017.

A Sacerdotisa do Portal

Selene

Antes de passarmos à mensagem de Selene, devemos lembrar que ela atua como pombagira no terreiro de Rikal; porém, a sua tarefa continua intensa no Astral, bem como a de Rikal, que, apesar de encarnado, trabalha intensamente durante o período de sono.

Parecia um alvorecer singelo dentre tantos outros em nossa comunidade astral, uma pequena colônia espiritual chamada Três Marias, porém, certamente, um dia de muito trabalho.

Nossa comunidade é composta por uma casa central (governadoria) e cinco setores, cada um com um casarão branco, com o objetivo de acolher aqueles seres que chegam do orbe terrestre e cuidar deles de acordo com as suas necessidades.

Na governadoria, existem diversos departamentos, inclusive um lindo e amplo anfiteatro, destinado a conferências e apresentações artísticas.

Pode parecer estranho ao leitor o que vou relatar.

No fundo da casa central, há um cemitério. Qual a sua função? Como é possível a existência de um cemitério no Plano Astral?[76]

Bem, a sua função não é de bom tom e sim um triste e sombrio cárcere, onde são postos para dormir aqueles que chegam e não estão dispostos a se despirem da energia corrompida que os impregna e devem ficar naquele terreno para que essa energia, com o tempo, seja depurada, ainda que isso possa levar longo e indeterminado tempo.

[76] O Feiticeiro Kongo disse, várias vezes, que a sua comunidade é um quilombo situado astralmente em Pernambuco. Diz ele que à entrada do quilombo há um cemitério. Uma das finalidades desse cemitério é que as pessoas enterrem tudo que não desejam mais carregar em suas vidas terrestres.

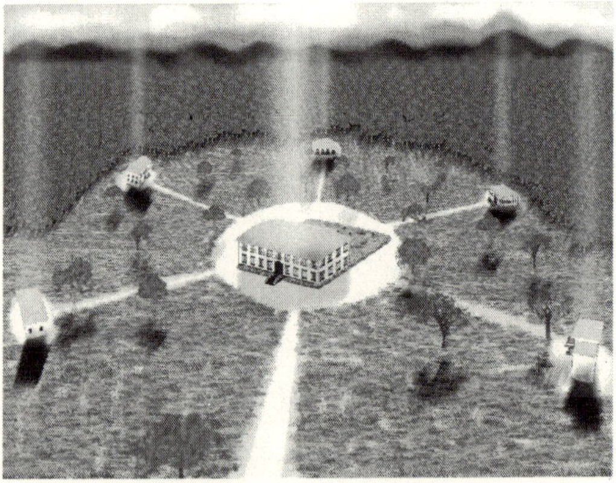

Colônia Espiritual Três Marias.
Arte de Walace Fernando. Acervo do autor.

Posso realmente dizer que não é a minha tarefa preferida colocá-los lá e acompanhar todo o processo. Essa pesada tarefa é amenizada quando temos algum resultado positivo.

Eu sou a responsável por recepcionar, em uma dependência da casa central, os que chegam, conversar, analisar e encaminhá-los para o casarão mais adequado para a sua cura e crescimento. As ordens que recebi de meus superiores são bem claras: "Você será a responsável pelas chaves, pois possui os requisitos e a honestidade ideais para essa função". Somente meus mestres superiores podem justificar isso junto aos inquisidores, e eu sempre agradeço por tamanha confiança em mim depositada. Por isso, minha lealdade sempre foi total, bem como o meu respeito por eles.

Cada um dos casarões é gerenciado por um sacerdote de Órion e o que os coloca nessa função são suas habilidades específicas para cada caso.[77]

O casarão que tem o trabalho mais intenso é o de Rikal. Sua função é o domínio e a transmutação da energia para reequilibrá-la. Por esse motivo, são enviados para esse casarão aqueles que estão com sua energia emocional extremamente alterada, implicando a total desestruturação energética desses seres. Se não cuidada, essa desestruturação pode levar à autodestruição, juntamente com a destruição à sua volta. Em

[77] Existem sempre outros sacerdotes que os podem substituir em caso de necessidade.

certo momento, quando o tratamento não é mais aceito por determinado ser, ou seja, por ele negado, infelizmente é posto para adormecer.

O processo de seleção é feito da seguinte maneira: os seres são recebidos com um manto de energia acolhedora e, ao mesmo tempo, avaliatória. A Sacerdotisa do Portal os envolve de forma imperceptível e indelével. Ela, por meio da análise do histórico e das ondas energéticas emitidas pelos seres, avalia qual o grau em que se encontram suas energias densas e cármicas.[78]

Por vezes, os seres se esquecem de que a sua assinatura energética está registrada em sua constituição astral, por intermédio de suas ações, pensamentos e sentimentos. A Sacerdotisa do Portal possui dons e chaves que a auxiliam fidedignamente em suas avaliações.

O leitor pode perguntar por que falo da Sacerdotisa do Portal na terceira pessoa, sendo que ela sou eu? O motivo é que assim como eu estou nessa função, houve uma antes de mim, assim como haverá outras também, porque em nosso caminho evolutivo somos destinados aos locais onde somos necessários de acordo com as necessidades daquele momento.

Não pensem que sempre é tudo simples, porque a energia transviada e corrompida permeia o nosso redor, seja quando estamos no orbe terrestre ou fora dele e, por esse motivo, devemos sempre estar atentos.

Recordo-me de quando um ser de aparência velha e bondosa se aproximou para tentar obter informações que a ele não cabiam, principalmente vendo sua energia se alterar por estar tão próximo daquilo que ele cobiçava.

Lidar com esse fato somente é possível emitindo muita energia harmônica e conter em nosso próprio ser a energia que tenta reagir a essa contenda de forma não apropriada. Sou a responsável pelos seres adormecidos no tempo (cemitério), que devem ser cuidados, acompanhados e avaliados a cada intervalo de ciclo para averiguar o quanto tudo que está sendo aplicado surte efeitos positivos neles.

Em casos extremamente difíceis, pois, depois de tantos

[78] O código utilizado é IEDC (Índice de Energias Densas e Cármicas).

cuidados e processos utilizados para serem um meio de transformação não surtirem resultados positivos, eles são enviados para outros orbes de energia extremamente densa e desafiadora, onde reencarnam na forma permitida àquele meio para que, através de seu caminhar, eles venham a aprender ou a se autodestruir, infelizmente.

Tudo isso é propiciado aos seres, por causa da lei maior e soberana: o livre-arbítrio. Deixamos a cargo de cada um qual o percurso que desejam seguir e qual fim desejam ter.[79]

Atentem sempre para as suas ações, pensamentos e emoções, pois elas serão sua chave para um crescimento harmônico e engrandecedor de si mesmo.

Os inquisidores

Antes de Selene prosseguir em seu relato, fazemos aqui uma pergunta: qual o real significado de inquisidor?

Segundo o Dicionário Houaiss[80], "inquisidor ou inquiridor é aquele que averigua, faz perguntas, interroga oficialmente ou não, procura informações". Ou seja, o questionador que sempre busca algo – e a Igreja pega essa função e a transforma de algo natural em um subterfúgio de terror visando ao benefício próprio.

Por esse motivo, faz-se necessário entender as diferenças entre os Inquisidores astrais e terrenos.

A função dos inquisidores astrais diverge totalmente da dos terrenos, porque, no Astral, a sua função é clara e de suma lealdade ao significado da função. Eles são responsáveis pela confirmação dos apontamentos e relatos a eles passados, porque sempre há os seres astrais que buscam subterfúgios para escapar ilesos de suas responsabilidades perante suas ações. Recordamos aqueles que ficam confinados na Terra, devido a suas más ações e má índole – os inquisidores precisam realmente confirmar se evoluíram ou não, se houve a mudança realmente esperada.

O trabalho deles não é simples e demanda muita energia

[79] Algumas das situações citadas podem ser encontradas em obras como "O Inferno", primeira parte da obra de Dante Alighieri, *A divina comédia*. São Paulo: Escala Educacional, 2006; e *O Abismo*, de RANIERI, R. A. São Paulo: Boa Nova, 2010, além de outras.

[80] HOUAISS, Antônio. *Pequeno dicionário Houaiss da língua portuguesa*. São Paulo: Moderna, 2015.

e perspicácia. Admiro o trabalho realizado por eles e a imparcialidade que demonstram e aplicam em todo o processo.

Quando os vejo em ação, fico a meditar que não há nada simples e fácil em nossas responsabilidades, ainda mais quando somos julgados como se fôssemos os carrascos do limbo. A ignorância do ser chega a tal ponto que o leva para o fundo da escuridão sem mesmo se aperceber disso.

Os sacerdotes e as sacerdotisas, quando se reúnem, independentemente de suas atribuições, simplesmente as esquecem, porque preferem, neste momento, apreciar e aproveitar o encontro para se energizarem, acalmarem, curarem as cicatrizes dos embates... O leitor pode se perguntar: como assim?

Não se esqueçam de que a cada ataque energético, se não estivermos blindados, somos feridos (momento no qual sentimos a perda de energia) e esse ferimento, muitas vezes, deixa uma cicatriz, fenda pela qual perdemos energia, mesmo que lentamente.

O local onde nos reunimos é uma sala da casa central, localizada após o cemitério, cercado por árvores, onde passa um riacho na parte traseira, com águas límpidas e cristalinas, de intensa pureza energética propiciada pelos cristais em seu leito.

Quando lá nos reunimos, usamos túnicas amarelas com símbolos que representam nossa função e um, em especial, que representa a chave para ativar seu portal interno e se conectar astralmente com Órion, quando vamos penetrar no ambiente da casa. Acima da porta, há uma expressão que é lida e mentalmente ativada que nos permite ter acesso a Órion, mesmo que só energeticamente, o que é suficiente para nos colocarmos abertos e dispostos para a cura e recomposição das energias dos seres ali acolhidos.

A frase, grafada em uma antiga língua terrena diz:

> Meddwl a chalon mewn un rydw i'n mynd i mewn i ddiarfogi ac yn agored i olau amherffaith rheswm a chariad allweddol pob bodolaeth.
>
> Mente e coração em uníssono, entro desarmado e aberto à luz imperiosa da razão e do amor, chave de toda existência.[81]

[81] Mantra-chave para se integrar à energia mais sutil do casarão.

Ao mentalizar essa frase, abrimos o portal da cura e entramos em uma câmara de pilares energéticos, onde nos aproximamos de nosso cuidador e somos por ele preparados. Todos nós, sacerdotes e sacerdotisas, precisamos nos cuidar para termos preparo e estrutura suficientes para cuidar e amparar o próximo. Todos temos nossas cicatrizes e marcas, porém, nem sempre conseguimos nos cuidar sozinhos ou com o grupo. É nesse momento que necessitamos de nosso cuidador.

Como essas cicatrizes ocorrem? (devem estar se perguntando).

Elas ocorrem durante o atendimento. Quando o desprendimento de energia é demasiado, abre-se uma pequena fissura em nosso campo energético, que, dependendo da extensão, devido à intensidade, pode ser maior ou menor. Quando é maior, vamos lá para receber esses cuidados.

Nos casarões, quando a demanda de cuidados é especial, Mestre Asgar vem nos auxiliar. Ele é um dos anciões dos primórdios de Órion e detém todas as chaves para o que for necessário.

A primeira vez em que tive o privilégio de vê-lo foi no templo, quando estava incorporada em Rikal, durante um preceito para Mãe Akayala. Geralmente, ele usa uma roupa clara com os símbolos pertinentes à sua função assumida em cada situação. Quando o vi, estava com uma túnica em tons de azul-violeta e uma belíssima aura energética ao seu redor. Quanto à sua imagem, geralmente é de um ancião que emana bondade, harmonia, paz e amor.

Como podemos perceber, todos somos inquisidores, entretanto, cada um usa um tipo de sondagem, visando sempre a encontrar o problema, a falha, para que possamos diagnosticar corretamente e encaminhar os seres desencarnados da colônia para a cura mais adequada.

A Sacerdotisa do Portal

Obs.: Quanto ao nome Três Marias, da pequena colônia espiritual, eu, Hanamatan, faço aqui uma elucubração:

Existe um interessante ponto cantado nos terreiros de umbanda que diz:

No céu eu vi
Eu vi três estrelinhas
Todas três em carreirinha
Duas são Cosme e Damião
A outra é Mariazinha.

Qual seria o significado de "três estrelinhas em carreirinha" no ponto cantado?

Provavelmente, é uma referência às Três Marias, estrelas do Cinturão ou Talabarte de Órion. As três estrelas receberam essa denominação com nomes árabes: Mintaka, Alnilan e Alnitak, que significam o cinto, a pérola e a corda, caracterizando os elementos do Cinturão de Órion.

Na tradição cristã, foram associadas às três mulheres que visitaram o túmulo de Jesus na ressurreição: Maria Madalena, Maria de Cléofas e Maria de Salomé.

As crianças espirituais atuam na vibração do amor cósmico universal, tão caro para os seres de Órion, transmitindo a pureza, a inocência e a delicadeza das crianças.

Os seres de Órion possuem características ligadas à bondade, ao amor incondicional e defendem os princípios crísticos da vida, além de auxiliar os necessitados de cura, algo que fazem na Colônia Espiritual Três Marias.

Os guardiões astrais

Selene

Geralmente, quando falamos em guardiões, associamos imediatamente o termo aos exus. Porém, em todos os níveis de trabalho existem os guardiões, seja no orbe terrestre, seja no Plano Astral.[82]

Os guardiões terrestres são responsáveis pelas migrações de mundos, quando ocorrem períodos como o que vivemos atualmente, onde existe uma grande quantidade de espíritos que serão extraditados do orbe terrestre para outros mundos e outros migrarão para cá, com a finalidade de futuras encarnações e tarefas.

Formam um colegiado de guardiões, que responde à autoridade de Mikael, o guardião responsável por cumprir a justiça divina. E, todos eles, são submissos à autoridade do Cristo Jesus.

Logo, todas as colônias astrais possuem seus guardiões, cuja função é impedir que as forças negativas invadam o espaço e deem alicerce para que se fortaleçam aqueles que se alimentam dessa energia, além de manter o equilíbrio energético das colônias.

Por vezes, os ataques vêm com intensa ferocidade e revolta, podendo se apresentar com uma roupagem qualquer, inclusive a de um animal ou evento cósmico. A contenção irá depender do guardião ali alocado e de suas aptidões para reconhecer o que ocorre no entorno.

[82] Várias casas espirituais têm como guardiões seres que foram cavaleiros templários (entre os séculos XII e XIV).

Assim, a função dos guardiões, seja no orbe terrestre, seja no Astral, é manter a harmonia e a misericórdia, equilibrando a balança energética que mantém a coexistência amorosa do universo.

Os guardiões possuem uma característica marcante e inerente às suas funções: andam sempre no limiar do bem e da misericórdia, porque são precisos no cumprimento de suas ordens e funções, independentemente de sua visão, que não importa quando se trata de cumprir os seus deveres.

Por esse motivo, muitas vezes os ouvimos dizer que não são bons nem maus. Somente cumprem a Lei. Todos os guardiões são tenazes e justos e, por isso, pedimos por sua misericórdia e não justiça.

Existem também os kiumbas, seres de baixíssimas vibrações, que, por vezes, se passam por exus e pombagiras para iludir os incautos.

Quando possível, os kiumbas são arrebanhados pelos subplanos dos exus guardiões para que evoluam. Muitas vezes, precisamos dessa ligação, quando os casos mais difíceis pedem, e isso ocorre através dos guardiões. Os kiumbas fazem o bem e o mal, conforme a oferta; são mercenários.

Sentinela[83]

Mayaráitá[84]

Ele conhece todos os caminhos
É o elo entre a palavra e a ação
Transita nos desafios e sorri...
Ajuda quem precisa, sua fala é direta!
Em todo lugar ele é encontrado
Eis o mensageiro!
Habita nos pensamentos...
Nas estradas...
Nas falas...
Ele observa e em seu tempo,
Responde.

Sentinela Pombagira da Calunga.
Disponível em: <https://tarotvidenciayrituales.com>.

[83] Sentinela é uma das denominações dadas a exus e pombagiras.
[84] Médium e iniciada do Templo Cristão Umbanda do Brasil.

As visões de Odete Terapeuta durante uma sessão de acupuntura

Odete Terapeuta é uma mulher de grande espiritualidade, humildade e extrema bondade. Além de exímia terapeuta, possui o dom bem apurado da vidência astral.

Rikal agendou uma sessão de acupuntura com ela e os fatos ocorridos durante o processo são relatados por ela, quando duas vivências dele vieram à tona, uma delas com a medicina vibracional.

São Paulo, 14 de janeiro de 2021.

Às dez horas da manhã, atendi Rikal.

Tudo correu normalmente, até que coloquei as agulhas nele.

Depois desse tempo, ele adormeceu e eu fui para o computador, para escolher uma música.

De repente, algo forçava para que eu olhasse para ele.

Quando olhei para ele, bem no centro da cabeça, apareceu um homem pequenininho.

Parecia ser alguém muito sagrado, pois tinha uma intensa auréola de luz em cima de sua cabeça.

E, de repente, ele foi se tornando grande e apareceu outra visão, em que Rikal estava no meio de um povo, todos vestidos com umas roupas estranhas, com capas em cima de túnicas.

Ele mostrava para esse povo uma pedra ovalada com vários sinais grafados, como se ele estivesse ensinando algo para esse povo.

Não consegui identificar a origem desse povo, mas o que me veio à cabeça é que eram fenícios.

E essa imagem perdurou em mim durante algum tempo e, de repente, ela desapareceu.

E, então, na altura do coração, apareceu outra imagem de um homem, que parecia estar em um mosteiro em profunda meditação. Estava vestido com uma túnica, com capuz, de cor verde-escuro. E ele estava sempre meditando, de cabeça baixa. Não conseguia ver a sua face. Só sabia que ele estava meditando.

Atrás dele apareceu uma grande floresta, mas com muita neblina, como se tivesse um ar frio. Depois de algum tempo, a neblina foi se dissipando e desapareceu completamente.

E, novamente, a minha visão voltou para a cabeça. E, na altura da cabeça, apareceu algo como se fosse uma sala de hospital. Tudo era muito branco.

Eu sabia que era o Rikal, mas ele não tinha a fisionomia atual.

Ele operava as pessoas. De repente, apareceu uma senhora[85] em que ele tinha feito um curativo.

Ela estava sentada em uma cadeira, com um curativo bem grande no pescoço. Eu estava vestida de enfermeira e o auxiliava. Continuamente, eu lhe dava uma toalha branca, que ele passava na pessoa.

Rikal atendeu a essa senhora, que ficou sentada na cadeira; eu lhe dei outra toalha branca e ele se virou para uma moça que estava deitada em uma maca. Ela tinha um problema na região do abdome. Ele passava a tolha branca naquela região e ia retirando a enfermidade. Parecia uma cirurgia, mas não havia corte nem sangue. Deduzo que tenha sido uma espécie de cirurgia espiritual.

Eu passava a ele uma toalha branca, que ele ia passando na pessoa e tirava para o lado. De repente, ele cobriu essa pessoa com um lençol branco e virou-se para o outro lado, no sentido anti-horário, onde havia uma multidão esperando para ser tratada.

Eu trocava uma toalha branca que ele tinha sobre os ombros e ele pegava outra toalha branca para atender a próxima pessoa.

E aí a visão desapareceu.

Voltei-me para a porta do consultório, porque eu não queria ver mais imagens.

Então, a sala do consultório ficou com uma luz muito clara. Ao redor de Rikal, onde ele estava deitado, havia uma intensa luz de colorações violeta e rosa.

[85] Odete Terapeuta cita que essa senhora era parecida com Madre Teresa de Calcutá.

Logo apareceu outra pessoa bem acima da cabeça dele. Parecia uma pessoa de um tempo mais atual. Percebi que era uma das entidades espirituais que trabalham com ele. Era um negro alto e forte. Usava uma espécie de camisa branca semiaberta.[86]

Ele estava acima da cabeça dele, como se estivesse colocando energia na região dos ombros.

E, aí, eu não senti mais vontade de ver. Virei a cabeça e fiquei olhando para a porta e tudo se tornou violeta e rosa e as visões desapareceram.

Feiticeiro Kongo.
Arte de Rosa Teubl. Acervo do autor.

[86] Essa entidade é o Feiticeiro Kongo.

Yara em tratamento em uma colônia espiritual

Rosa Terapeuta é médium no terreiro de Rikal. Aqui, ela relata uma intensa e interessante vivência em uma colônia espiritual, na qual Yara se recuperava das sequelas impregnadas em seu corpo astral decorrentes dos tratamentos, inclusive quimioterapia.

Esta noite, 11 de fevereiro de 2021, tive uma visão maravilhosa.

Sonhei com a Yara. Fui visitá-la na colônia espiritual onde ela está em recuperação.

Ela está linda, maravilhosa como sempre, andando com aquele olhar doce. Ela estava com um vestido branco com lindas rendas.

Ela disse que agora está no processo de desintoxicação dos efeitos da quimioterapia no corpo físico. Quando chegou à colônia espiritual, por causa dos medicamentos e das sequelas, ela, como espírito, ainda tem as sensações, o que dificulta um pouco o transitar com leveza.

Os médicos astrais estão dando a ela um líquido semelhante a água de coco, levemente esbranquiçado, que vai eliminando as sensações do corpo físico decorrentes dos medicamentos, principalmente a quimioterapia.

Logo ela estará liberta das sensações do corpo físico e fluindo no caminho espiritual com leveza.

Ela está em uma casa enorme, como se fosse uma pousada. Ela me levou até a janela para ver o lado externo da colônia. É um lugar muito lindo, como se fosse um sítio repleto de árvores. No quintal da frente, há um lago enorme, muito bonito.

Acordei com aquela sensação gostosa de que realmente encontrei a Yara bem na colônia espiritual.

Ìyàmi Òsóróngà, a matriz das mães

Nicholaj de Mattos Frisvold[87]

Ìyàmi Ọ̀ṣóróngá ocupa um lugar vital e central no culto de Ifá e na estrutura da criação. Ela é uma força conhecida como Imolè. O termo Imolè refere-se à luz das estrelas, assim como Ìrúnmolè significa "casa da luz" e nos remete à ideia de um corpo estelar. Imolè pode ser compreendido como uma força celestial, um impulso primordial, que, por sua vez, dá a qualidade e a essência às forças da natureza, por nós conhecidas como Òrìṣà. Awo Falokun[88] sumariza esse mistério em seu livro Ìwa-Pèlè[89] da seguinte maneira:

> Na cosmologia de Ifá, Òrìṣà se encarna por meio de Imolè, Ìrúmonlè, a fim de se manifestar através de Odù. Imolè, significando Casa da Luz, são princípios fundamentais da Criação. Ìrúnmolè, significando Senhor da Casa da Luz, são os princípios fundamentais da Criação que formaram o planeta Terra a partir de elementos manufaturados no Sol. É o aparecimento de Ìrúnmolè na evolução da Criação que proveu o fundamento para a evolução da consciência humana. Ìrúnmolè cria a alma humana (emi) e a alma se move entre a manifestação humana e a manifestação espiritual, enquanto retém a sua conexão com ori (a consciência individual) e iponri (o eu maior).

[87] Oluwo do Egbé Ifá Iboji Awon Funfun; membro da Sociedade Ogboni de Abeokuta, Nigéria; psicólogo e antropólogo, áreas nas quais possui a mais alta titulação acadêmica, assim como em Teologia e Cinema.

[88] FALOKUN, Awo. *Iwa-Pele*. 2. ed. CreateSpace Independent Publishing Platform, 2013.

[89] Ìwa-Pèlè significa "o bom caráter".

É essencial enfatizar esse ponto, pois Ìyàmi Ọ̀ṣóróngá não é uma força tão tangível quanto Òrìṣà, que é relacionada aos fenômenos naturais, mas a fonte inspiradora da matriz da "mulher", no sentido de uma força que é a causa de tudo e que gera novas formas emergentes nessas novas configurações. Outra palavra para isso pode ser transformação, ou, ainda, transmutação e gestação, ou seja, ideias relacionadas com o que acontece no útero, assim como algo novo que toma forma nas trevas interiores da mãe.

Ìyàmi Ọ̀ṣóróngá também é conhecida como Ìyà Mi Eleyé, a Mãe dos Pássaros, em uma referência tanto ao poder que todas as mulheres inerentemente possuem em virtude da menstruação, que é causada pela presença do útero, quanto a uma força cósmica mística conhecida como àjé, a qual Teresa Washington[90] define como "arquitetas da existência" em seu livro de mesmo nome.

Àjé é tangível para nós, na medida em que elas criam atmosferas, sentimentos e sensações de todas as formas, de modo que ela é uma força que se põe em ressonância com as nossas emoções. No odù Ifá Ogbèògùndá, Ifá descreve essa força, àjé ou eleyé, como espíritos elementais que dão forma à trama da criação usando as projeções das emoções e da consciência humanas como matéria-prima para configurar a realidade. Isso significa que estamos realmente vivendo em um mundo que é uma projeção dos nossos anseios, sonhos, medos e circunstâncias.

O poder conhecido como àjé ou eleyé traz a mesma dinâmica paradoxal à pessoa que a detém, pois àjé é compreendida como um pássaro e, desse modo, encontramos a relação com o campo emocional, voando e fluindo por caminhos inconstantes em um mundo de paradoxos e oposições em constante mutação.

As àjés são vistas como pássaros, predominantemente noturnos e predadores; todos os pássaros com bicos longos têm alguma afinidade com essa corrente e com esse fluxo de força, em virtude da natureza particular por eles expressada. Pássaros, em geral, são definidos pela sua tendência a perse-

[90] WASHINGTON, Teresa N. *The architects of existence*: Àjẹ in Yoruba cosmology, ontology, and orature. USA: Oya's Tornado, 2014.

guir um objetivo e, então, voar para longe, para, logo depois, retornar e retornar até que sua missão seja concluída.

Pássaros são uma metáfora para a inquietação presente na estrutura emocional da alma, assim como uma metáfora para a viagem astral e a influência sobre o inesperado e o cataclísmico. Os pássaros vêm à terra no odù, que é um odù que fala de mudança radical, de inimizade e de influências para além do controle humano – nesse contexto, àjé poderia ser um poder *praeter* humano que algumas pessoas, em particular as mulheres, possuem ou recebem.

Para uma mulher, receber àjé poderia significar ter o seu direito de nascimento confirmado; para os homens, o acesso a esses mistérios é regulado a partir do que o destino revela em iniciações antes de possuírem "o pássaro da bruxaria", o que quer dizer que os homens podem ser aceitos ou rejeitados, ao passo que as mulheres sempre são benvindas a possuir essa forma de Àṣẹ.

Em muitas descrições de Ìyàmi Òṣóróngá, ela aparece como uma mulher madura levando uma cabaça sobre a cabeça ou segurando-a nas mãos. Em algumas tradições, diz-se que essa cabaça contém os ajoguns (algumas vezes se escreve ajeguns), os espíritos do infortúnio, ao passo que, em outras, diz-se que ela contém as àjés.

Ìyàmi Òṣóróngá é a matrona estranha que protege esses poderes e ela apenas abre a cabaça quando um determinado ser humano ressoa em uma vibração particular, que serve como uma chave para liberar essas forças. Esse poder pode ser eruptivo, destrutivo e prejudicial à boa sorte, assim como pode trazer amor e harmonia. Trata-se de um poder volátil, fugaz como um pássaro, que é a cola e o solvente da construção cósmica, sendo que nós escolhemos, a partir de nossas ações e escolhas, a harmonia ou a dispersão, pois sempre optamos por abrir ou não essa caixa de Pandora como indivíduos ou como coletividade. Respeitar e ter interesse pelo que pode nos quebrar também pode nos fazer inteiros.

O odù Òsá Méjì fala da criação de nosso mundo, que é chamado de "mercado" e ela representa a energia do mercado no sentido de todas as coisas boas e ruins. O mercado é como a roda da fortuna, onde infortúnio e fortuna dançam de mãos dadas, um dia favorecendo uma pessoa, no outro favorecendo outra pessoa.

O mercado revela os movimentos dos pássaros em todas as suas formas, relaciona-se com a oportunidade, os sentimentos, o destino, porém, mais do que tudo, sobre a posse das habilidades necessárias para construir a realidade de seus sonhos por meio da interação com a oportunidade. Portanto, se compreendemos que estamos vivendo em um mundo tecido pelas àjés de Ìyàmi Ọ̀ṣóróngá, uma vez que elas respondem às nossas projeções de nossas esperanças, medos e sonhos, compreenderemos o quão diferente é essa força em relação a qualquer um dos Òrìṣà mais conhecidos.

Ìyàmi Ọ̀ṣóróngá cruzou o Òrún rumo ao nosso mundo, o outro lado, enganando Agbonniregun, mais conhecido como Òrúnmilà, o Ìrúnmolè da sabedoria, quando ele partiu em sua viagem para o Àiyé, o nosso mundo. A história assim se deu:

Agbonniregun estava se preparando para viajar para o mundo. Após fazer os sacrifícios necessários, ele iria começar a jornada. Ele já estava no portão, preparando-se para peregrinar, quando uma velha mulher lhe pediu a sua assistência para sua viagem para o mundo. Ela queria que ele a carregasse, pois ela era velha e fraca, e não podia fazer a viagem por conta própria. Ele se desculpou e disse que tinha uma tarefa a fazer e precisava partir imediatamente, chegando o mais rapidamente possível no mundo.

A mulher insistiu e novamente lhe pediu ajuda. Ele argumentou que não tinha a força necessária para carregá-la e, então, a mulher disse que ela poderia viajar em seu estômago, dele saindo quando a jornada estivesse finalizada. Ele concordou e a viagem começou.

Tão logo chegaram ao mundo, Agbonniregun pediu que ela saísse, mas a mulher afirmou que estava confortável e que permaneceria dentro do seu estômago. "Você me enganou!", disse Agbonniregun. "Você tem que sair, pois eu não vou alimentá-la". "Eu me alimentarei das suas entranhas e do seu fígado, que são muito saborosos para mim", disse a mulher.

Compreendendo que se isso acontecesse ele pereceria,

Agbonniregun ficou muito preocupado e fez uma consulta para resolver o problema. Foi-lhe dito para pegar algumas entranhas de vários animais, sal, azeite de dendê, colocá-las em um morro e fazer uma oferenda à mulher durante a noite. Ele também deveria tocar um sino para atrair a sua atenção para o ebó enquanto orasse e foi orientado a ter uma luz por perto, a fim de que ela pudesse ver, uma vez que tinha problemas com seus olhos. Ebó ru! Assim foi feito.

A mulher, ao ouvir o sino, sentir o odor da comida e vê-la, imediatamente saiu do seu estômago e começou a comer. Agbonniregun correu rapidamente e disse que ela agora estava livre para se alimentar em seu estômago. "Você é uma pessoa sábia", disse a mulher; "eu sempre respeitarei as suas necessidades e o assistirei com meus pássaros. Apenas você terá um assento garantido em minha casa". Hoje, Agbonniregun e seus filhos são os únicos que podem testemunhar e possuir o suporte dessa mulher poderosa, Ìyàmi Ọ̀ṣóróngá.

É a partir dessa narrativa que conta como nosso mundo ficou sob a influência de Ìyàmi Ọ̀ṣóróngá, que temos o seguinte oríki, que fala de sua função integral em nosso mundo:

Oríki
MO JUBA NIYE ÌYÀ MI ÒSÓRÓNGÀ
OTONON EJÈ ENUM WA
O TOOKON EJÈ EDO
MO JUBA NIYE ÌYÀ MI ÒSÓRÓNGÀ
OTONON EJÈ ENUM WA
OTOOKON EJÈ EDO
EJÈ O YE NI KALE O
EJÈ O YE NI KALE O
O YE YE, YE KOKO
O YE YE, YE KOKO

Tradução
Meus respeitos a vós, minhas mães ancestrais!
Vós que seguis o rastro de sangue das nossas entranhas,
Vós que seguis o rastro de sangue até o coração e o fígado.
Meus respeitos a vós, minhas mães ancestrais!
Vós que seguis o rastro de sangue de nossas en-

tranhas,
Vós que seguis o rastro de sangue até o coração e o fígado.
O sangue que, absorvido pela terra, cobre-se de fungos e vive.
O sangue que, absorvido pela terra, cobre-se de fungos e vive.
Ó mãe pássaro, mãe muito sábia!
Ó mãe pássaro, mãe muito sábia!

Vemos, frequentemente, que Ìyàmi Ọ̀ṣóróngá é definida como uma "bruxa" e, na medida em que estamos falando de uma força cósmica fundamental, que faz a transformação possível, podemos aceitar que Ìyàmi Ọ̀ṣóróngá é esse poder que, por vezes, no passado, foi atribuído às bruxas. Esse fator, juntamente com a associação que Ìyàmi Ọ̀ṣóróngá mantém com a "alteridade" confirmaria esse rótulo. Se compreendermos a "bruxa" como alguém que possui poderes incomuns, alguém que está pactuada com forças tão misteriosas quão sábias e que demonstra alguma forma de objetividade amoral na maneira como percebe o mundo e seus eventos, estaremos na mesma página. Ìyàmi Ọ̀ṣóróngá é a mãe que faz o que é necessário.

A fim de aproximar essa força misteriosa de alguma forma, podemos trazer a Òrìṣà Ọ̀ṣùn para a nossa equação. Por muitas vezes, eu ouvi Awos, quando tentando explicar Ìyàmi Òsóróngá, relacionando-a com Ọ̀ṣùn, a Òrìṣà do mel e das águas doces como o "lado diurno" de Ìyàmi Ọ̀ṣóróngá, e este é um bom lugar para se ter uma ideia dessa força misteriosa. Oṣùn, assim como Ìyàmi Ọ̀ṣóróngá, mantém uma importante relação com Òrúnmìlà, como sua apetebi ou esposa sagrada. Ọ̀ṣùn é o poder que dá àṣẹ à sabedoria de Òrúnmìlà. Esse àṣẹ relaciona-se ao dom de fazer divinações acuradas, uma vez que Ifá repetidamente enfatiza a importância de que o Awo (Babalawo) tenha uma apetebi ou ser casado com Ọ̀ṣùn, ou idealmente receber Ìgbà Odù, a cabaça da existência, a fim de divinar acuradamente. Essa admoestação é feita porque um adivinho de Ifá precisa ter acesso aos poderes de Ìyàmi Òsóróngá, para que "veja claramente" como um adivinho.

Aqui é importante salientar que, juntos, Ọ̀ṣùn e Ọ̀rúnmìlà, deram à luz a Èṣù, o Òrìṣà das encruzilhadas, o espírito da transformação, e é nessa tríade que podemos compreender a complexidade de Ìyàmi Ọ̀ṣọ́rọ́ngá. Ela é a origem e a síntese de Ọ̀rúnmìlà e de Ọ̀ṣùn originando Èṣù.

Ìyàmi Ọ̀ṣọ́rọ́ngá, no Ifá e na sociedade yorubana possui uma coletividade importante composta, principalmente, mas não exclusivamente de mulheres mais velhas (depois da menopausa), que trabalham em conjunto com a Sociedade Orò, servindo, ambas, como um veículo da ética, da lei e da ordem na comunidade. As sociedades Ìyà Mi e Orò são, por sua vez, vinculadas à Sociedade Ògbóni, uma sociedade composta por sábios anciãos de Ifá, focados em serem elementos pacificadores. Podemos ver, nessa organização cultural, o quão importante é Ìyàmi Ọ̀ṣọ́rọ́ngá. Ela é a misteriosa tecitura da existência, que se torna tangível e compreensível através dos caminhos pacíficos de Ọ̀rúnmìlà e, com este breve artigo, eu espero ter lançado alguma luz sobre esta que é a matriz de todas aquelas a quem chamamos de "nossa mãe", Ìyàmi.

A Virgem do Silêncio

Reverendo Padre Bento de Núrsia[91]

É um silêncio quase completo.
Mas não é um silêncio vazio.
É a capacidade de escuta de Deus e do povo.

Na noite de 15 de fevereiro de 2021, quando fui me deitar, bati na imagem de Nossa Senhora do Silêncio que fica no meu pequeno altar, à beira da cama. A imagem balançou várias vezes, mas não caiu.

O fato ficou registrado em minha mente e, durante toda a noite, várias imagens povoaram meu sono. Profundamente envolvido com o resgate do sagrado feminino e do dinamismo matriarcal, senti que era um aviso e, pela manhã, comecei a pesquisar e escrever este singelo texto.

Ao longo do tempo, várias aparições de Maria Santíssima foram registradas: Fátima, Aparecida, Lourdes, Medjugorje, La Salette e outras.

Vamos falar de uma incrível aparição da Virgem em Knock[92], cidade situada a oeste de Dublin e a norte de Galway, condado de Mayo, na Irlanda.

No século XIX, o povo irlandês passou por várias situações difíceis: políticas, econômicas, religiosas etc. Tais acontecimentos foram gerados, principalmente, pela escassez de alimentos. A pior delas foi a "fome da batata", entre 1845 e 1849.

---

[91] Diamantino F. Trindade. Pároco da Igreja Católica Apostólica Joanita, Paróquia São Bento.

[92] A palavra é proveniente do idioma gaélico, falado na Irlanda, e significa "colina".

A principal causa da fome foi uma doença provocada pelo oomiceto Phytophthora infestans[93], que contaminou em larga escala as batatas em toda a Europa durante a década de 1840. A batata é o alimento básico dos irlandeses e um terço de toda a população da Irlanda dependia unicamente de batatas para sobreviver. A fome provocou a morte de cerca de um milhão de pessoas e forçou mais de um milhão de irlandeses a emigrar, principalmente, para Estados Unidos e Canadá.

Com a "fome da batata", Knock tornou-se um local de campos e fazendas abandonadas.

Em 1829, quando os irlandeses conseguiram um determinado grau de liberdade religiosa, em uma aldeia irlandesa de Knock foi construída a pequena Igreja de São João Batista. Nela cabiam apenas 30 pessoas. Daí por diante, essa igreja começou a atuar como centro das paróquias unidas de Knock e Aghamore.

Em 1867, o padre Bartolomew Aloysius Cavanagh foi nomeado prior da Igreja de São João Batista. Ele nutria uma fervorosa devoção por Nossa Senhora Imaculada Conceição. Era muito bondoso e quase todos os seus recursos materiais eram destinados à ajuda aos pobres. Visitava regularmente os paroquianos, inclusive os das localidades vizinhas. Como era devoto de Maria Santíssima, a Ela recorria para interce-

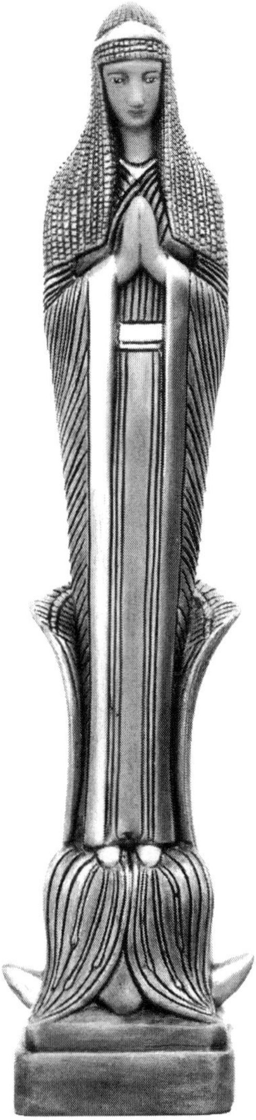

Imagem de Nossa Senhora do Silêncio. Acervo do autor.

[93] *Phytophthora infestans* é um oomiceto (classe de organismos filamentosos, unicelulares, que se assemelham morfologicamente a fungos) fitopatogênico responsável pela doença conhecida como ferrugem tardia ou oídio, sendo uma das doenças que atacam esse tubérculo em todo o mundo (https://pt.wikipedia.org/wiki/Oomycetes).

der pelo povo em condição de miséria e doenças.

Em 14 de maio de 1879, deu início à celebração de 100 missas, rogando à Virgem pelas almas do purgatório. No dia da centésima missa, 21 de agosto de 1879, ocorreu um fato que mudaria para sempre a vida de Knock e seus moradores, bem como dos moradores das localidades vizinhas e da própria Irlanda.

Era um dia em que o céu estava escuro por conta de nuvens negras. Uma chuva torrencial castigou, durante a noite, toda a região. O padre Bartolomew estava visitando seus paroquianos, como fazia regularmente, e chegou completamente encharcado à casa paroquial.

Ao ver o padre naquelas condições, Mary McLoughin, governanta do padre Cavanagh, prontamente foi acender a lareira para secar as roupas dele. Depois de deixar o padre mais confortável, por volta das 20 horas, Mary saiu para encontrar sua amiga Mary Byrne, que residia próximo da igreja e auxiliava nos serviços da paróquia.

Quando McLoughin passou pela parte traseira da igreja, viu uma luz intensa e algumas silhuetas de imagens. Imaginou que o padre havia encomendado novas imagens e que a luz das velas as estava projetando. Continuou caminhando até a casa de Byrne. Contou o que havia visto à amiga e a as duas chamaram Judith Campbell e foram até a igreja.

Quando estavam bem próximas da paróquia, viram que a intensidade da luz havia aumentado consideravelmente. Byrne disse: "Não são imagens físicas, pois estão em movimento em cima de um altar". As três, em sintonia, perceberam que eram imagens luminosas da Virgem Maria, de São José e de São João Evangelista.

As "imagens" caminhavam por cima de um monte de ervas. Trajavam túnicas brancas luminosas como a luz do luar e estavam envolvidas por uma brilhante luz dourada. Acima do altar havia um cordeiro e por cima dele aparecia uma enorme cruz branca.

Maria Santíssima foi descrita como "em oração profunda", com os olhos levantados para o céu, as mãos levantadas até os ombros ou um pouco mais alto e as palmas ligeiramente inclinadas para os ombros.

Em seguida, Byrne saiu em desabalada carreira sob a chuva e foi avisar a família e os vizinhos sobre a aparição.

As 15 pessoas que testemunharam a aparição disseram que era a Virgem Maria, São José e São João Evangelista. No entanto, nenhuma palavra foi pronunciada pela Virgem Maria. Surgiu daí o nome de Nossa Senhora do Silêncio.

Maria escuta os aflitos.

Em 5 e 6 de janeiro de 1880, duas novas aparições ocorreram e foram vistas por uma grande multidão.

Knock tornou-se, rapidamente, um local sagrado de peregrinação. A primeira cura milagrosa ocorreu em 1881. Desde então, o padre Cavanagh registrou, aproximadamente, 300 curas milagrosas entre 1881 e 1883.

As aparições foram consideradas como "confiáveis e satisfatórias" pela primeira comissão eclesiástica que visitou o local. Os testemunhos das 15 pessoas que viram as aparições da Nossa Senhora do Silêncio foram também considerados como "dignos de confiança". Tais testemunhos foram registrados em outubro de 1879 pela comissão de investigação criada pelo arcebispo de Tuam[94], monsenhor John MacHale.

A comissão era formada pelas seguintes pessoas: historiador irlandês cônego Ulick Bourke; cônego James Waldron, pároco de Ballyhaunis, e o padre e arquidiácono da diocese, Bartolomew Aloysius Cavanagh. O relatório da comissão foi publicado imediatamente nos periódicos e logo os peregrinos começaram a chegar, provenientes de todas as partes do país e do exterior.

Depoimento de Judith Campbell

Judith Campbell foi uma das 15 testemunhas oficiais da primeira aparição:[95]

Eu moro em Knock. Lembro-me da tarde e da noite de 21 de agosto passado. Mary Byrne apareceu em minha casa por volta das oito horas daquela noite e me pediu para vir e ver a bela aparição na capela.

Corri com ela até o local e vi do lado de fora da capela, na empena da sacristia voltada para o sul, três figuras represen-

[94] Tuam é uma cidade da Irlanda situada no condado de Galway.
[95] Disponível em: <https://www.traditioninactiondobrasil.org>.

Antigo santinho representando a aparição da Senhora de Knock. Disponível em: <https://www.traditioninactiondobrasil.org>.

tando São José, São João e a Santíssima Virgem Maria; também um altar, e a semelhança de um cordeiro nele, com uma cruz nas costas do cordeiro.

Eu vi uma bela coroa na testa ou na cabeça da Santíssima Virgem. Nossa Senhora estava no centro do grupo, um pouco acima das outras duas; São José à sua direita e inclinado para a Virgem; São João, como fomos levados a chamar a terceira figura, estava à esquerda da Virgem e em sua mão esquerda segurava um livro; sua mão direita foi levantada com o primeiro e o segundo dedos fechados, e o indicador e o dedo médio estendidos como se ele estivesse ensinando.

A noite caiu e estava muito úmido e escuro.

Havia uma bela luz brilhando em torno das figuras ou aparição que vimos.

Eu me aproximei delas; nenhum de nós falou com elas; acreditávamos que eram São José e São João Evangelista, porque, há alguns anos, as estátuas de São José e do Evangelista estavam na capela de Knock.

Todas as figuras estavam de branco ou com um manto de brancura prateada; São João usava uma pequena mitra. Embora estivesse chovendo, o local onde as figuras apareceram estava bastante seco.

Tudo dentro da esfera da imagem permaneceu completamente seco, incluindo a grama e parte da parede da igreja.

Como boa parte dos documentos das primeiras aparições foram presumidos como "desaparecidos", uma segunda comissão de investigação foi instalada em 1936 e foi forçada a confiar em entrevistas com as três últimas das testemunhas sobreviventes: Mary Byrne, Patrick Byrne e John Curry. Os três confirmaram suas declarações originais de 1879. Quando a comissão anunciou seu relatório, milhares de doentes foram trazidos para Knock e os jornais locais relataram muitas curas extraordinárias. Diversas provas confirmando as curas milagrosas foram enviadas ao Vaticano. A partir de então, as aparições de Nossa Senhora do Silêncio, em Knock, tiveram irrestrito reconhecimento por parte da Igreja Católica Apostólica Romana.

Na década de 1970, o pároco da igreja, monsenhor James Horan, comandou uma grande reconstrução do local, sendo criada uma nova e grande Basílica de Knock ao lado da velha igreja. Em 6 de junho de 1974, a pedra fundamental da Basílica de Nossa Senhora, Rainha da Irlanda, em Knock, foi abençoada pelo papa Paulo VI.

Em 1979, o papa João Paulo II abençoou o local, na comemoração do centenário da primeira aparição de Nossa Senhora do Silêncio. Quase um milhão de peregrinos estiveram no santuário onde João Paulo II declarou a passagem da Igreja de Nossa Senhora do Silêncio, Rainha da Irlanda, a basílica.

Madre Teresa de Calcutá visitou a basílica em 1993.

Em 26 de agosto de 2018, o papa Francisco visitou o santuário em Knock, como parte de uma visita à Irlanda para o 9° Encontro Mundial de Famílias.

Ainda hoje, a basílica continua sendo um importante sítio de peregrinação. A parede traseira da velha igreja, onde ocorreram as aparições, está envolvida em vidro blindado. Um novo aeroporto foi construído, para atender ao fluxo de tráfego dos peregrinos.

Hoje, existe ali um complexo formado por cinco igrejas, incluindo a Capela das Aparições, uma igreja paroquial e a basílica. Há também uma livraria, *camping*, o Museu de Knock, um café e um hotel.

Nossa Senhora do Silêncio colocou Knock no mapa da conscientização humana por um planeta melhor. Em uma época em que a região de Knock vivia mergulhada em uma crise de fome, de várias partes do mundo ocidental chegaram alimentos, medicamentos e outros suprimentos, amenizando as dores e o sofrimento dos moradores de Knock e das localidades vizinhas.

Na manhã de 18 de maio de 2015, o papa Francisco abençoou um quadro com a imagem de Nossa Senhora do Silêncio. Essa imagem tinha sido colocada, a seu pedido, no Palácio Apostólico do Vaticano, com a finalidade de fomentar o recolhimento e a contemplação e, por conseguinte, desestimular as conversas inúteis e dispersas. Ao abençoar o quadro, Francisco fez um pedido: "Que a Virgem Maria interceda diante do Senhor, para que todos os que entrarem no Palácio Apostólico possam ter sempre as palavras justas".

Frei Emiliano Antenucci conta que fez esta reflexão:

> Quantos crucifixos, pinturas e ícones o papa recebe todo dia! E talvez eles sejam guardados em algum depósito do Vaticano, ou doados, ou vendidos para ajudar os pobres (...) Mas com o ícone de Nossa Senhora do Silêncio não foi assim: ele foi colocado em um lugar onde todos possam vê-lo!

Infelizmente, com todo o teor simbólico e de grande ensinamento de Maria em seu quadro, a demonstrar a importância do silêncio ante palavras mal empregadas, no Vaticano, bem como em outros locais, religiosos ou não, ainda não foi o suficiente para os seres humanos compreenderem o diamante por Ela representado e que nos foi oferecido por Deus. Os seres humanos ainda não sabem distinguir o silêncio da displicência, o silêncio da sabedoria.[96]

---

[96] Para mais informações, consultar: https://www.ufmg.br/espacodoconhecimento/tres-marias; https://regbor.blogspot.com; https:cruzterrasanta.com.br; https:pt.aleteia.org; https://www.thecompassnews.org; https://maestrovirtuale.com; https://www.matermundi.tv; https://www.facebook.com/knockshrine/

Oração à Nossa Senhora do Silêncio

Frei Emiliano Antenucci

Ó Maria, Virgem e Mãe do Silêncio, a ti consagro toda a minha vida.

Digna-te a imprimir no meu coração o rosto do teu Filho Jesus, que morreu e ressuscitou por mim.

No alegre anúncio do anjo, você disse "Fiat"; nas bodas de Caná, você me ensinou a fazer tudo o que o Senhor diz; sob a cruz, você me deu o exemplo de união com Jesus obediente ao Pai.

A Virgem do Silêncio. Uma cópia dessa imagem foi abençoada pelo papa Francisco e está pendurada no Palácio Apostólico do Vaticano. Inscrições grafadas na imagem: "Mãe de Deus" e "Jesus Cristo".

Virgem do Silêncio, canal da graça, dá-me todos os dias a força de uma conversão sincera e de uma vocação estável. Maria, orvalho da beleza divina, faz de mim uma obra-prima de santidade, feita ao alto preço do sangue de Cristo.

Ó Maria, Catedral do Silêncio, faça ressoar em mim esta oração: "Não tenhas medo, porque tu és meu filho e és amado pelo Pai Celeste".

Santa Maria, âncora de salvação, ponte entre o Céu e a Terra, guia-me junto com os anjos e os santos para construir o Reino de Deus na Terra, para que possa viver na presença constante da Santíssima Trindade e no desejo pelos outros e por minha paz e alegria sem fim da Jerusalém celestial.

Amém.

---

photos; https://catholicnews.ie; https://www.traditioninactiondobrasil.org; http://www.amen-etm.org/Knock.htm.

Igreja de Nossa Senhora do Silêncio no início do século XX.
Fotografia: J. Arigho.
Disponível em: <https://www.facebook.com/knockshrine>.

Peregrinos no final da década de 1880 se aglomerando no local da aparição, do lado de fora da velha igreja de Knock.
Disponível em: <https://www.traditioninactiondobrasil.org>.

Altar da Basílica de Nossa Senhora do Silêncio.
Disponível em: <https://catholicnews.ie>.

A santa guerreira

Diamantino F. Trindade

Joana d'Arc.
Arte de William Blake Richmond (1757-1827).

A Guerra dos Cem Anos foi uma longa guerra (116 anos) entre Inglaterra e França, que ocorreu entre 1337 e 1453, motivada por razões políticas e econômicas. A causa política foi a disputa pelo trono francês, após a morte de Carlos IV (que não deixou herdeiros), em 1328, que colocou fim à dinastia dos Capetíngios. Foi um dos maiores conflitos da Idade Média, em que cinco gerações de reis de duas dinastias rivais lutaram pelo trono do maior reino da Europa Ocidental.

O rei da Inglaterra, Eduardo III, era neto de Filipe, o Belo, e reivindicava o direito à coroa francesa. Do ponto de vista econômico, o motivo foi a disputa pela rica região de Flandres (Holanda e Bélgica atuais).

É nesse cenário que aparece, com destaque, Joana d'Arc.

Ela nasceu em Domrémy, França, em 1412. Era uma camponesa humilde e analfabeta, filha caçula de Jacques d'Arc e

Isabelle Romée, que eram donos de uma pequena terra que cultivavam. Joana teve uma sólida educação católica.

Joana d'Arc alegava que tinha visões e ouvia as vozes do arcanjo Miguel, da Santa Catarina de Alexandria e da Santa Margarida de Antioquia. Nessas aparições sobrenaturais, ela era orientada a tomar parte na guerra contra os ingleses para expulsá-los da França e para garantir a coroação de Carlos VII, o rei da França.

Segundo Joana d'Arc, as aparições sobrenaturais aconteciam desde que ela tinha 13 anos e, aos 16, ela decidiu tomar parte na guerra. Assim, ela pediu para ser levada para Vaucouleurs, local onde existia uma guarnição francesa liderada por Robert de Baudricourt. Lá, ela foi falar com Baudricourt, para que ele arranjasse um transporte que a levasse a Chinon para encontrar o rei.

O comandante se negou a dar ouvidos a Joana d'Arc, mas a camponesa conseguiu convencer a população local de seu propósito e logo muitos exigiam que Baudricourt fizesse o que Joana d'Arc pedia. Assim ele fez e então Joana d'Arc se preparou para encontrar o rei francês. Ela conseguiu uma reunião privada com Carlos VII, mas como ela obteve isso é um mistério.[97]

Aparição de São Miguel Arcanjo e de Santa Catarina de Alexandria à jovem Joana d'Arc.
Pintura de Anton Hermann Stilke (1803-1861).

[97] Disponível em: <https://brasilescola.uol.com.br/historia>.

Convencido por Joana, Carlos VII a enviou com um exército para tentar resolver o Cerco de Orleans. Em poucos dias, a batalha foi vencida pelos franceses, libertando Orleans. Joana, rapidamente, tornou-se uma heroína nacional francesa.

Outras batalhas foram vencidas, nas quais Joana d'Arc lutou ao lado do exército francês. Após essas vitórias, foi possível coroar Carlos VII como rei na Catedral de Reims. Gradativamente, Joana d'Arc começou a despertar a inveja dos militares franceses, que iniciaram uma conspiração contra ela.

Porém, após o fracasso durante o Cerco de Paris, a popularidade de Joana ficou fragilizada perante a nobreza francesa. Em maio de 1430, Joana d'Arc foi enviada para recuperar a cidade de Compiègne, próxima a Paris, que estava dominada pelos borgonheses, aliados dos ingleses. Durante essa batalha, em 23 de maio de 1430, ela foi capturada pelos borgonheses. Foi levada para o Castelo de Beaurevoir, onde permaneceu presa, enquanto sua venda era negociada com os ingleses.

Após a negociação, o governo inglês colocou seu julgamento a cargo do bispo Pierre Cauchon, que lhe imputou várias acusações de caráter religioso. Foi considerada culpada de heresia e assassinato e sentenciada à morte na fogueira. Depois de um longo julgamento, Joana foi executada em 30 de maio de 1431. Sua morte, como mártir, aumentou o entusiasmo patriótico dos franceses contra os ingleses.

Em 1456, o papa Calisto III instituiu um tribunal inquisitorial para examinar, com detalhes, o seu julgamento. Esse tribunal proclamou a sua inocência e declarou formalmente a sua condição de mártir da Igreja Romana. Em 1803, foi oficialmente declarada como um símbolo nacional da França por decisão do imperador Napoleão Bonaparte. Foi beatificada em 1909 e canonizada em 1920 pelo Vaticano.

Joana d'Arc é uma, dentre os nove padroeiros da França.[98]

Com estas palavras, assim se manifestou o papa Bento XV na Bula Divine Disposent, em 16 de maio de 1920:[99]

> Por disposição da divina clemência, após um longo período de tempo, enquanto a terrível guerra pro-

[98] Referências para consulta: https://pt.wikipedia.org; https://brasilescola.uol.com.br; https://super.abril.com.br; https://www.vaticannews.va.

[99] Disponível em: <https://www.vaticannews.va>.

duzia tantos males, ofereceram um novo sinal da justiça e da misericórdia de Deus aqueles milagres que, operados pela intercessão da "Donzela de Orleans", definitivamente comprovavam diante dos homens sua inocência, fé, santidade e obediência à vontade de Deus, aquela que tudo suportou, até uma morte cruel e injusta. Portanto, é muito apropriado que Joana d'Arc seja hoje inscrita entre os santos, para que, a partir de seu exemplo, todos os cristãos aprendam que a obediência à vontade de Deus é santa e devota, e obtenham dela a graça de converter seus concidadãos para que obtenham a vida celestial.

Execução de Joana d'Arc.
Arte de Jules Eugène Lenepvou (1819-1898).

A morte e o renascimento da deusa

Diamantino F. Trindade

Através dos tempos, os homens tentaram desvendar os mistérios de sua imagem eterna de mulher. A sexualidade e espiritualidade dessa mulher inspiram fascinação única. Sua imagem exótica foi captada na tela de Goya, como o nu recostado e elegante: A Maja nua, ou como a Vênus adormecida de Giorgione, cuja pose exprime inocência pura, sem traço algum de imodéstia,[100]

A maja nua.
Francisco de Goya, 1890.

[100] QUALLS-CORBETT. Nancy. *A prostituta sagrada*: a face eterna do feminino. 5. ed. Rio de Janeiro: Paulus, 2005.

A Vênus adormecida.
Giorgione (1507-1510).

> A sacerdotisa, a mulher humana veículo da deusa, já não dança mais nos templos.[101]

Como vimos no capítulo "Akayala: de sacerdotisa atlante a pombagira no terreiro de umbanda", uma pequena região do sul de Atlantis mantinha o culto do sagrado feminino em equilíbrio com o sagrado masculino. Fora daquela região, a maioria dos templos tinha caráter patriarcal e as sacerdotisas haviam sido banidas ou relegadas a tarefas secundárias. De modo geral, as mulheres passaram a ser apenas objetos de prazer e reprodução.

Fabre d'Olivet[102] escreveu em 1824:

> Ainda hoje existem povos que, afastados dos benefícios da religião e da civilização, perpetuaram entre si o infortúnio da mulher. A maneira como ela é tratada chega a causar aversão: é mais uma escrava do homem do que sua companheira; mais uma besta de carga do que um ser humano. A mais bela metade do gênero humano, aquela a quem a Natureza parece ter tido prazer de criar para a felicidade, perdeu inclusive a esperança. Sua sorte é de tal modo deplorável que, não raro, veem-se mães, cuja compaixão as torna desnaturadas, sufocam suas filhas ao nascer para lhes poupar o terrível futuro

[101] YTÇALA-DAYASHA. *Uma sacerdotisa atlante no templo de Cristal*. São Paulo: Texto, 2000.
[102] D'OLIVET, Antoine Fabre. *História filosófica do gênero humano*. São Paulo: Ícone, 2006.

> que as aguarda.
>
> Se estas palavras chegarem até às mulheres, não se apressem em prevenir-se contra seu autor. Ele é o mais sincero dos seus amigos e talvez tenha sido o mais terno dos seus amantes! Se lhes mostra seus erros, também lhes mostra sua generosidade. E já a mostrou, pois disse que os primórdios da civilização humana foram obra de autoria delas. Resguardem-se de uma vaidade pueril, produto do seu instinto, e busquem em sua alma, principalmente em sua inteligência, sentimentos mais doces e inspirações mais generosas.

O dinamismo matriarcal, acolhedor, amoroso, evoluiu para o dinamismo patriarcal, machista, agressivo e militarista:

> Mulheres e homens educados sob os preconceitos de uma sociedade patriarcal castradora, limitante, debaixo de valores dogmáticos de uma Igreja para a qual tudo é pecado, perderam sua força transformadora, passaram a viver na mesmice e no conformismo obtuso de que "a vida é assim mesmo". Distanciaram-se da compreensão de que o Sagrado reside no mundo e em cada ser existente neste mundo. A possibilidade de complementação entre polaridades que se tornaram opostas como espírito e matéria, e todas as outras delas resultantes, em especial a masculinidade e a feminilidade, unificadas que eram na harmonia divina do ato sexual, parecem estar mergulhadas num abismo profundo.[103]

Assim os homens, filhos diletos e diretos de um deus-macho todo-poderoso, criados à sua imagem e semelhança, passaram a acreditar que detêm o poder sobre a vida e a morte e o domínio sobre tudo o que resta no planeta. As mulheres, comparadas em consciência às crianças e deficientes mentais, passaram a ser tutoradas e, sob pena de morte nas fogueiras ou severa exclusão social, ainda não encontraram outro caminho a seguir a não ser o da obediência ao seu senhor – deus, pai ou marido. Sem o feminino doador da vida, essencial também para o restabelecimento de sua unidade e equilíbrio,

[103] YTÇALA-DAYASHA. *Uma sacerdotisa atlante no templo de Cristal*. São Paulo: Texto, 2000.

apenas atravessam a vida, sem vivê-la, procurando preencher os vazios do eu. Estão hipertrofiadas por desejos nunca satisfeitos. E, mais do que isso, a espiritualidade e a sexualidade ocuparam posições antagônicas quando não totalmente ausentes da vida.

Sem o feminino, vital para equilibrar o princípio patriarcal, a vida tornou-se estéril, a criatividade e o desenvolvimento pessoal foram asfixiados. Quando a deusa foi banida, a paixão erótica, os prazeres íntimos e a linguagem do amor, inerentes à natureza humana, deixaram de existir como um aspecto da vida espiritual.

Monaghan[104] cita que:

> Em grande parte do mundo ocidental, o caminho da deusa tornou-se praticamente invisível, totalmente encoberto por séculos de desprezo pelos rituais que a renovam e revigoram. Esse caminho está sendo desobstruído por acadêmicos e artistas, ritualistas e poetas, dançarinos e tocadores de tambor. Homens e mulheres estão buscando e encontrando maneiras de regressar ao seio da Grande Deusa que é vida e morte, amor e crescimento, dança e ciclos naturais.

Os primeiros padres do Cristianismo, para não comprometerem a "segurança" de uma religião masculina e monoteísta, proibiam tenazmente toda e qualquer ligação com a deusa nas doutrinas da Igreja. A Santíssima Trindade estava ligada ao patriarcado. Maria Santíssima podia ser cultuada, mas não adorada, para que Ela não se tornasse um elo de ligação para o restabelecimento da veneração à deusa.

Ainda que a Igreja tenha mantido a aura de mistério inerente à deusa, o entusiasmo e o princípio do relacionamento foram trocados pela organização, suas leis e estrutura hierárquica. Von Franz[105] explica que, nesse processo, dois aspectos foram perdidos:

> A forma humana (imagem feminal) da deusa, pois a

[104] MONAGHAN, Patrícia. *O caminho da deusa*: mitos, invocações e rituais. São Paulo: Pensamento, 2009.

[105] VON FRANZ, Marie-Louise. *A phychological interpretation of the golden ass of apuleius*. New York: Spring Publications, 1970.

instituição (Igreja) não é humana.
A relação com a matéria (a deusa) era também simples matéria cósmica, e esse aspecto a instituição Igreja também não possui.

Nancy Qualls-Corbett[106] diz que as qualidades positivas da deusa foram integradas, até certo ponto, à figura da Virgem Maria, particularmente em países católicos.

E a convivência da sexualidade com a espiritualidade?

Conforme Kelmer: [107]

> Em muitas culturas antigas a sexualidade convivia muito bem com a religiosidade, sem a ideia do pecado que mais tarde a religião cristã viria trazer, impregnando toda a cultura ocidental. Se hoje, para a maioria de nós, lugar de religião é na igreja e lugar de sexo é na cama, para essas antigas culturas as duas coisas podiam ser vivenciadas harmoniosamente no mesmo contexto pois a percepção da sexualidade era também uma percepção do Mistério e do Sagrado.

Nancy Qualls-Corbett[108] assim nos fala sobre a prostituta sagrada:

> O que acontecera à nossa compreensão da deusa, do feminino divino, nos tempos atuais? Por que será que a sexualidade da mulher tão explorada, tão degradada, se outrora fora reverenciada? E por que será a sexualidade desvinculada da espiritualidade, como se fossem extremos opostos? Comecei a ver que o vazio difuso de que as pessoas se queixavam podia ser explicado em termos da perda da deusa – aquela que renova a vida, traz amor, paixão, fertilidade – e da sacerdotisa sensual – a mulher humana que trazia os atributos da deusa à vida dos seres humanos. Quando o feminino divino, a deusa, deixa de ser reverenciado, estruturas sociais e psíquicas tornam-se supermecanizadas, superpolitizadas e supermilitarizadas.

[106] QUALLS-CORBETT. Nancy. *A prostituta sagrada*: a face eterna do feminino. 5. ed. Rio de Janeiro: Paulus, 2005.
[107] KELMER, Ricardo. Sexo no altar. 18 jul. 2013. Blogdokelmer.com.
[108] QUALLS-CORBETT. Nancy. *A prostituta sagrada*: a face eterna do feminino. 5. ed. Rio de Janeiro: Paulus, 2005.

Na Idade Média, em particular, a adoração oriunda da deusa ressurgiu sob a forma do culto a Maria Santíssima. Ao longo do Renascimento e da Reforma, o controle da natureza feminina tornou-se mais intenso. Na era do puritanismo e na era vitoriana, os atos coletivos contra a mulher e a sexualidade tornaram-se mais evidentes.

A sexualidade feminina, outrora reverenciada, passou a ser explorada comercialmente e a união sexual, praticada às escondidas.

A sexualidade e a espiritualidade da natureza feminina eram atributos da prostituta sagrada.

Durante o tempo em que a prostituta sagrada existiu, as culturas eram construídas sobre o sistema matriarcal. Não devemos entender matriarcado como o sistema onde as mulheres substituíam os homens em cargos hierárquicos superiores; ao contrário, o foco desse sistema estava situado em valores culturais diferentes. Conforme Thompson[109]:

> Onde o patriarcado estabelece lei, o matriarcado estabelece costume; onde o patriarcado estabelece poder militar, o matriarcado estabelece autoridade religiosa; onde o patriarcado encoraja a aresteia[110] individual do guerreiro, o matriarcado encoraja a coesão do coletivo, algo que tem a ver com tradição. O matriarcado se relacionava com a autoridade cultural, em oposição ao poder político enfatizado pelo patriarcado.

Prostituição sagrada ou prostituição religiosa são termos gerais para um ritual que consiste em relações sexuais ou outras atividades sexuais realizadas no contexto de um culto religioso, talvez como uma forma de rito de fertilidade ou casamento divino (*hieros gamos*). Alguns estudiosos preferem o termo "sexo sagrado" a "prostituição sagrada" nos casos em que o pagamento por serviços não acontece.[111]

Desde a era final de Atlantis, na longa noite dos tempos, a deusa morreu e renasceu muitas vezes. A Grande Mãe, a Se-

---

[109] THOMPSON, William. *The time falling bodies take to light*. New York: St. Martin's Press, 1981.

[110] O furor.

[111] Para mais informações, consultar <https://pt.wikipedia.org/wiki>.

nhora das Mil Faces, vive entre nós movendo-se através das gerações, de um alvorecer a outro, em sua longa jornada, de revelação em revelação.

Na Suméria, era conhecida como Inana; na Babilônia, Istar; entre os persas, Anaíta; os fenícios a reverenciavam como Anat; no Egito, era Ísis; na Lídia, era conhecida como Cibele. Os frígios a chamavam A Deusa – mãe de Pessinonte; os atenienses autóctones a nomeavam de Minerva, a Cecropana; entre os habitantes da Ilha de Chipre, era a Vênus de Paphos; entre os cretenses, era Diana Diehjna; entre os sicilianos, era Proserpina, a Stiglana; entre os habitantes de Elêusis, a antiga Ceres, uns a chamavam de Juno, outros de Belone; na Grécia, era a encantadora Afrodite. Independentemente do nome ou da localidade terrena, a deusa era associada à primavera, quando desabrocha a natureza.

Cabe aqui uma pergunta: É possível que muitos homens, ainda que de forma inconsciente, buscaram resgatar, de algum modo, o sagrado feminino? Em todos os locais da Terra, os homens sempre tiveram acesso aos prostíbulos. Por que, então, os freiráticos, tanto em Portugal como no Brasil, se entregavam a amores e fantasias com as freiras nos conventos?

O que era um freirático?

Freirático é um termo surgido em Portugal no século XVII, utilizado para descrever os homens que alimentavam um amor, muitas vezes platônico, por freiras. O próprio rei Dom João V era um freirático contumaz e teve alguns filhos com freiras. O poeta baiano Gregório de Matos também foi um famoso freirático.

As freiras eram alvos de galanteadores, que ficaram conhecidos por suas conquistas entre essas mulheres supostamente reclusas.

Gilberto Freyre[112] relata o aspecto sensual das denominações dos nomes dos doces e bolos preparados nos conventos: barriga de freira, suspiros de freira, manjar do céu etc.

Miranda[113] cita que:

> Houve um tempo em que o desejo sexual transpôs

[112] FREIRE, Gilberto. Casa grande & senzala. São Paulo: Global, 2003.
[113] MIRANDA, Ana. *Que seja em segredo*. Porto Alegre: L&PM, 2014

> os limites da espiritualidade reclusa. Os homens procuraram profanar os conceitos de virtude que os oprimiam e aos quais se submetiam num próprio ato irreverente de maculação. Como poucas vezes, a interdição sexual teve a função de afrodisíaco. Era preciso degradar o fascínio do mal; espiritualizar o corpo e erotizar a alma. Para isso, nada como buscar o prazer na escuridão das celas dos conventos. Na Igreja Primitiva, o sacerdócio feminino tinha assegurado o seu direito de batizar, predicar, oficiar, exorcizar. Mais tarde, a Igreja realizou suas inclinações patriarcais na criação do dogma e da hierarquia eclesiástica. Numa tentativa de transcender os instintos do ser humano, adotou a repressão, realizada através das promessas de condenação da alma. A mulher, encarnação da volúpia, foi lançada a uma posição irrelevante e oculta na sociedade, ela mesma objeto das imprecações para afastar o mal.

Dessa forma, a mulher foi destituída de seus atributos naturais de sedução e da sua capacidade de amar.

Principalmente a partir do século XVII, a vocação religiosa era, por vezes, imposta. Famílias ricas encaminhavam suas filhas para o convento. Motivos não faltavam. O filho primogênito era o único herdeiro. Se fosse mulher, ela era obrigada a seguir carreira religiosa, deixando a herança para o filho homem mais novo. Um corpo atraente, sensualidade, interesse intelectual podiam também ser motivos para as moças ficarem encarceradas nas celas de um convento. Alguns homens encaminhavam suas filhas ilegítimas ou que foram desvirginadas para o convento, bem como as amantes que lhes causavam problemas. Para alguns, era motivo de orgulho ter uma filha freira, que, teoricamente, teria a sua pureza espiritual, em relação ao sexo, preservada.

Havia, então, nos conventos, muitas mulheres dispostas a vivenciar amores e fantasias sexuais com os freiráticos, que, geralmente, se entregavam platonicamente a esses amores clandestinos. Estes, muitas vezes, se torturavam mentalmente e emocionalmente pela beleza oculta de uma freira, desfrutando vivamente uma longa, e possível, sedução.

A questão do feminino ainda está longe de ser resgatada, principalmente devido às mentes tacanhas "colonizadas" e "preconizadas" pela religião católica. Infelizmente, o preconceito e a violência estão, hoje, muito mais intensos e físicos, talvez pior do que na Antiguidade. No entanto, é necessário não esmorecer e continuar semeando e colhendo, ainda que de forma lenta. As mulheres estão despertando, porém, uma boa parte dos homens ainda está agrilhoada ao poder patriarcal e ao sentimento de posse.

Para lidar com conceitos preconizados há tantos milênios de história e cultura, é preciso ter em mente que isso será fruto de muitas lutas.

Cada homem e cada mulher podem ser o sacerdote e a sacerdotisa do amor em suas próprias vidas.

Para os homens e as mulheres que desejam, de alguma forma, resgatar o sagrado feminino, recomendamos, mais uma vez, a leitura e o estudo da obra de Nancy Qualls-Corbertt[114].

Diana, a personificação da noite.
Anton Raphael Mengs (1728-1779). Palácio da Moncloa, Espanha.

[114] QUALLS-CORBETT, Nancy. *A prostituta sagrada*: a face eterna do feminino. 5. ed. Rio de Janeiro: Paulus, 2005.

Sobre o autor

– Professor do curso de pós-graduação em História e Cultura Afro-Brasileira do Centro Universitário Salesiano (UNISAL) entre 2011 e 2015.

– Professor (aposentado) do Instituto Federal de Educação Tecnológica de São Paulo (IFSP), onde lecionou as disciplinas: Química, Fundamentos da Educação, Psicologia da Educação, História da Ciência e Epistemologia do Ensino.

– Mestre em Educação pela Universidade Cidade de São Paulo.

– Master Science in Education Science by City University Los Angeles.

– Doutor em Educação pela Pontifícia Universidade Católica de São Paulo (PUC-SP).

– Pós-Doutor em Educação pelo GEPI-PUC-SP.

– Autor de livros sobre Química, Tecnologia, Educação e História da Ciência.

– Autor de livros sobre umbanda e cultos afro-brasileiros.

– Membro da Escola Superior de Guerra (ESG).

– Mestre Maçon *Past Master*.

– Vice-Presidente da Federação Umbandista do Grande ABC entre 1985 e 1989.

– Sacerdote do Templo Cristão Umbanda do Brasil.

– Ministro religioso da Casa de Cultura Umbanda do Brasil.

– Sacerdote de Orunmilá-Ifá (Babáláwò *Ifasoya Ifadaisi Agbole Obemo*), iniciado pelo Babáláwò Ifatoki Adekunle Aderonmu Ògúnjimi.

– Iniciado na Umbanda Tradicional por Pai Ronaldo Linares.

– Iniciado na Raiz de Guiné (Hanamatan Ramayane Shafirá) por Mestre Yatyçara.

– Iniciado na Kimbanda das Almas (*Tatá Egúngún Inú Aféfe*) por Tata Kalunga.

DO ÁTOMO AO ARCANJO

Ramatís / Hercílio Maes

132 páginas – ISBN 978-65-5727-014-1

A mecânica evolutiva da Criação foi desvendada a Kardec – dois anos antes de Darwin! – pelos espíritos, com a genial declaração: "do átomo ao arcanjo, que começou sendo átomo". Mas... e entre o átomo e o arcanjo? Onde se encontram os degraus intermediários dessa escalada do zero ao infinito?

Com Ramatís, os degraus dessa simbólica "escada de Jacó" da imagem bíblica se povoaram, nos textos recebidos por vários médiuns e em diversas obras. Dos arcanjos (ou logos galácticos, solares e planetários) aos anjos e devas, dos espíritos da natureza aos animais – sem deixar de definir a posição de Jesus de Nazaré, anjo planetário da Terra, devidamente distinguida daquela do Cristo, nosso Logos.

Para que a humanidade possa ingressar de fato no patamar de consciência da Nova Era, esse conhecimento mais amplo da hierarquia e funcionamento do Cosmo se faz imprescindível, a fim de nos situar com maior amplitude no panorama do Universo e para o contato com nossos irmãos siderais, que se aproxima.

Este volume representa a condensação de conhecimentos iniciáticos milenares com que Ramatís abriu, para a mente ocidental, uma janela panorâmica sobre a estrutura e funcionamento do Cosmo, complementando a imorredoura revelação da Espiritualidade datada de um século e meio atrás.

AKAYALA
foi confeccionado em impressão digital, em janeiro de 2022
CONHECIMENTO EDITORIAL LTDA
(19) 3451-5440 — conhecimento@edconhecimento.com.br
Impresso em Luxcream 80g, StoraEnso